泸州市图书馆藏民国期刊图录提要

主　编◎黄善容
副主编◎胡　敏　张　涛　李　波
执行编委◎康　旭　徐　佳　罗　霞　袁婷婷

西南交通大学出版社
·成　都·

图书在版编目（CIP）数据

泸州市图书馆藏民国期刊图录提要 / 黄善容主编
. —成都：西南交通大学出版社，2022.12
ISBN 978-7-5643-9091-4

Ⅰ. ①泸… Ⅱ. ①黄… Ⅲ. ①公共图书馆－期刊－图书目录－提要－泸州 Ⅳ. ①Z87

中国版本图书馆 CIP 数据核字（2022）第 249011 号

Luzhou Shi Tushuguan Cang Minguo Qikan Tulu Tiyao
泸州市图书馆藏民国期刊图录提要

主编 黄善容

责任编辑 郭发仔
助理编辑 徐茂嘉
封面设计 墨创文化

出版发行 西南交通大学出版社
（四川省成都市金牛区二环路北一段 111 号
西南交通大学创新大厦 21 楼）
邮政编码 610031
发行部电话 028-87600564 028-87600533
网址 http://www.xnjdcbs.com
印刷 四川煤田地质制图印务有限责任公司

成品尺寸 185 mm × 260 mm
印张 12.25
字数 250 千
版次 2022 年 12 月第 1 版
印次 2022 年 12 月第 1 次
定价 68.00 元
书号 ISBN 978-7-5643-9091-4

本书编委会

前言

民国时期（1912—1949）是我国社会变化非常剧烈的历史时期，其间经过了辛亥革命、五四运动、北伐战争、抗日战争和解放战争。辛亥革命推翻了清王朝统治，结束了统治中国几千年的君主专制制度，全国思想得到较大解放，报刊业在民国时期得到很大的发展。据《民国时期总书目统计》，此时期我国出版的期刊达两万多种，它们反映了民国时期的政治、军事、外交、经济、教育、思想文化、宗教等各方面的内容。具有内容的广泛性、记叙的真实性、披露的连续性、报道的精细性等鲜明特点。能够还原民国时期的历史细节，对研究近代史有着无可替代的作用。同时也反映了近代进步知识分子为了救国救民，利用期刊等舆论手段向社会和国民发出的呼吁和主张，具有非常重要的文献价值。

民国史研究历来是史学界研究的重点和热点。2011年，国家图书馆联合国内文献收藏单位，策划了“民国时期文献保护计划”项目。项目启动以来，各地图书馆积极参与。作为“全国古籍重点保护单位”的泸州市图书馆以此为契机，积极收集、整理民国期刊，秉承“传播知识、传承文明”的出版理念，推出《泸州市图书馆藏民国期刊图录提要》，收录了1912年至1949年出版的173种期刊（另外附录清朝末期期刊6种）及其179张书影，共涉及文献数3645册，内容提要4万余字。此书的公开出版，不仅丰富了馆藏报刊资源，还可以通过刊名、索引等途径对文献进行快速检索、浏览，方便广大读者开展民国史的学术研究，具有极为重要的学术价值和史料价值。

编　者

2022年6月

凡　例

一、本书收录了泸州市图书馆馆藏1912年至1949年出版的期刊173种，涉及馆藏文献3629期（册）。另有6种期刊虽然不是民国期刊，但是为了保证图书馆馆藏的完整性，也收录于本书中。即共收录179种。

二、本书著录包括封面、刊名、责任者、出版地、出版时间、形态（高度）以及内容提要、馆藏数量等项。

三、本书按《中图图书馆分类法》第五版一级目录分类编排。

四、为方便检索，在文后增加了题名索引，按照书名的汉语拼音顺序排列。

目录

罗素月刊

1920 年 11 月创刊
创刊地点：上海
编　　辑：瞿世英
高　　度：19 cm

《罗素月刊》1920年11月由蒋百里倡议，讲学社创刊，瞿世英担任编辑，为季刊，是伯兰特·罗素来华的讲演汇刊，目前仅见4期。该刊登载了罗素在华期间的所有著名讲演，如《哲学问题》《心的分析》《物的分析》《中国的自由之路》《社会结构学》，及罗素来华时的照片等。也刊载了勃拉克女士的讲词，国内学者对罗素学说的研究论文如瞿世英的《罗素对我们的贡献》等。本刊以人名为名，开创了民国时期人物研究类期刊的先河，对于我们了解20世纪20年代中国知识界、思想界的状态有很大的帮助。馆藏2期。

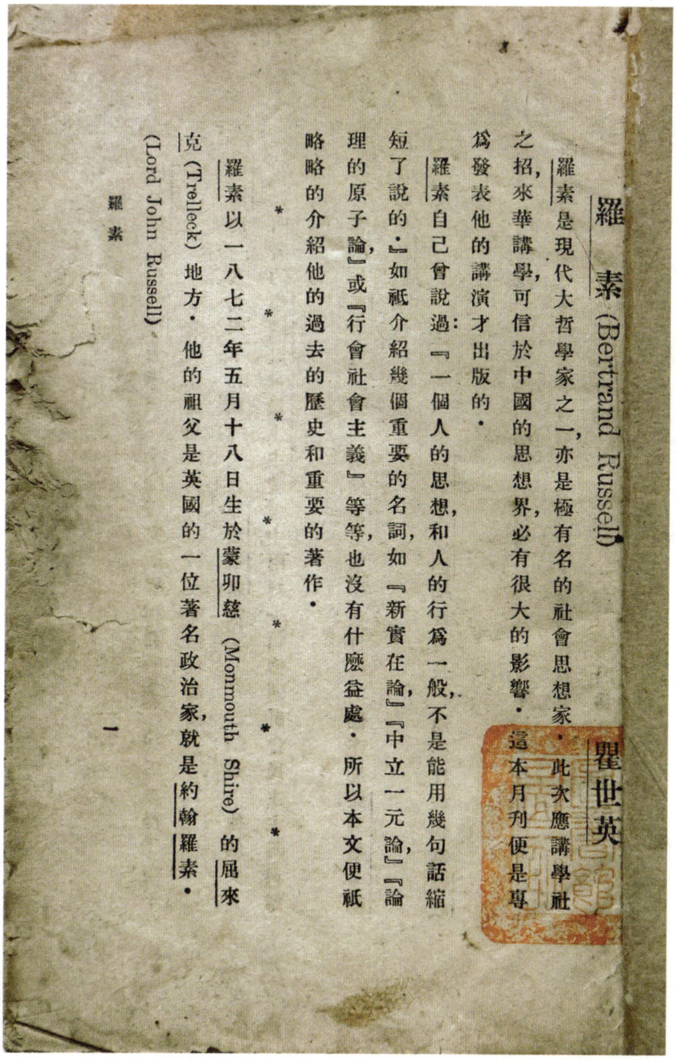

羅素 (Bertrand Russell)

瞿世英

羅素是現代大哲學家之一，亦是極有名的社會思想家．此次應講學社之招，來華講學，可信於中國的思想界，必有很大的影響．這本月刊便是專爲發表他的講演才出版的．

羅素自己曾說過：『一個人的思想，和人的行爲一般，不是能用幾句話縮短了說的．』如祇介紹幾個重要的名詞，如『新實在論』『中立一元論』『論理的原子論』或『行會社會主義』等等，也沒有什麼益處．所以本文便祇略略的介紹他的過去的歷史和重要的著作．

* * * * * * *

羅素以一八七二年五月十八日生於蒙卯慈 (Monmouth Shire) 的屈來克 (Trelleck) 地方．他的祖父是英國的一位著名政治家，就是約翰羅素．(Lord John Russell)

羅素　一

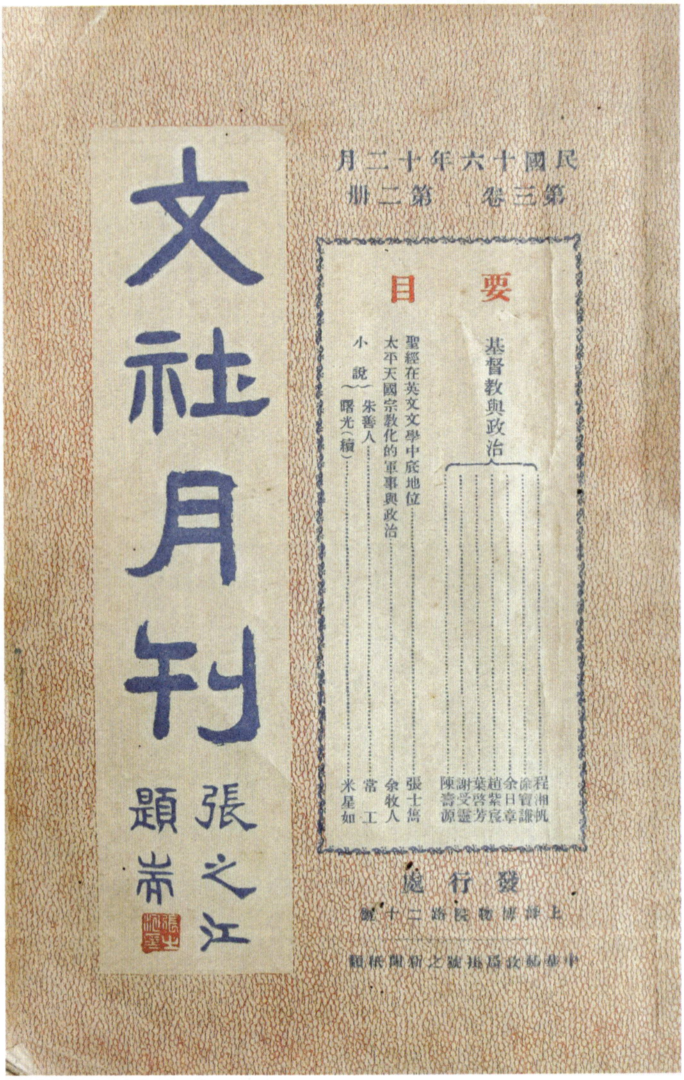

■ 文社月刊

1927年1月创刊
创刊地点：上海
编　　辑：王治心
高　　度：26cm

《文社月刊》1927年1月创刊于上海，属于宗教月刊，由《中华基督教文社月刊》继承而来。所载内容主要是基督教文字的研究，是20世纪20年代中国基督教“本色化运动”的重要刊物。该刊主要以研究基督教文字为主，进而阐发基督教教义，建设中国本色教会，因此对基督教在中国的传播起到了很大的推动作用，对研究当时基督教在中国的发展情况有一定参考价值。馆藏5期。

■ 妇女新运

1938 年 12 月创刊
创刊地点：重庆
编　　辑：妇女新运杂志社
高　　度：26cm

《妇女新运》于1938年12月在重庆创刊，抗日战争胜利后迁南京出版，卷期续前，1948年9月停刊。该刊以“报道该会的工作情况，指导全国妇女参加抗战建国工作，创造新中国新妇女的新生活”为宗旨，对于研究新生活时期有关妇女运动方面的相关情况提供了一手资料，有较高的研究价值和史学意义。馆藏16期。

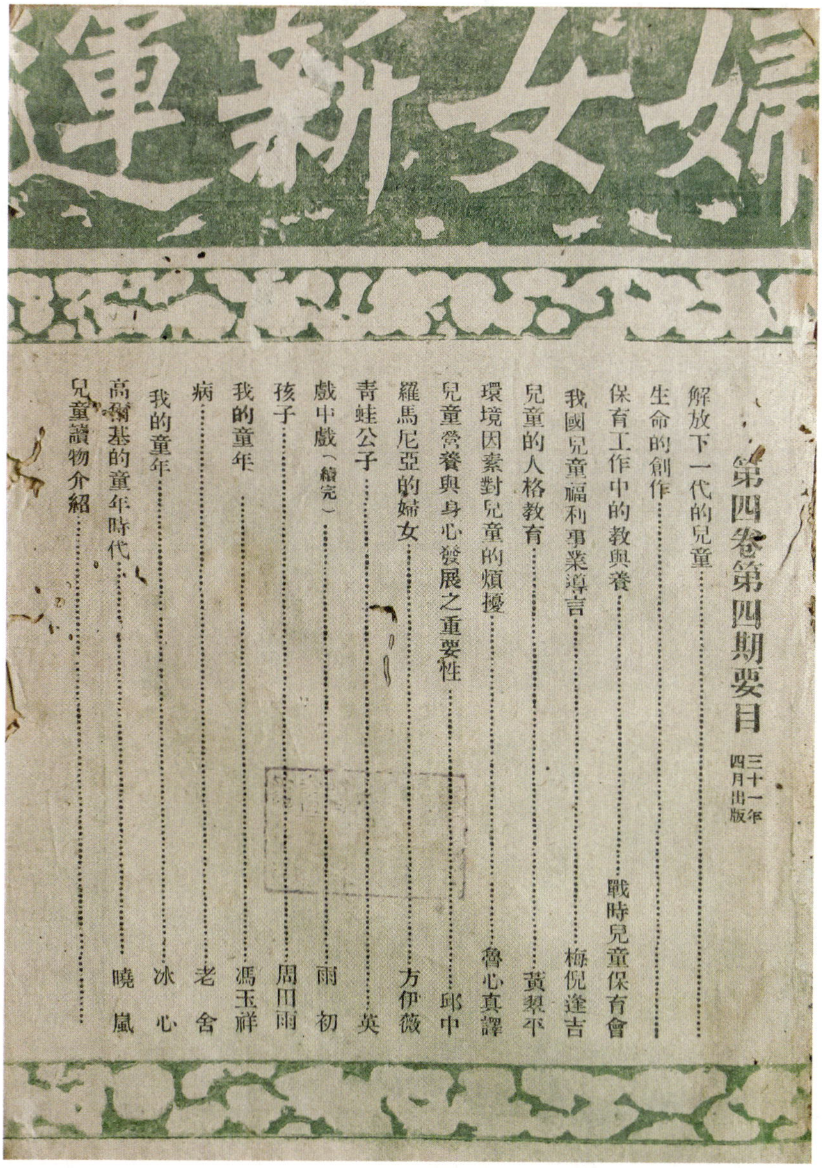

婦女新運

第四卷第四期要目　三十一年四月出版

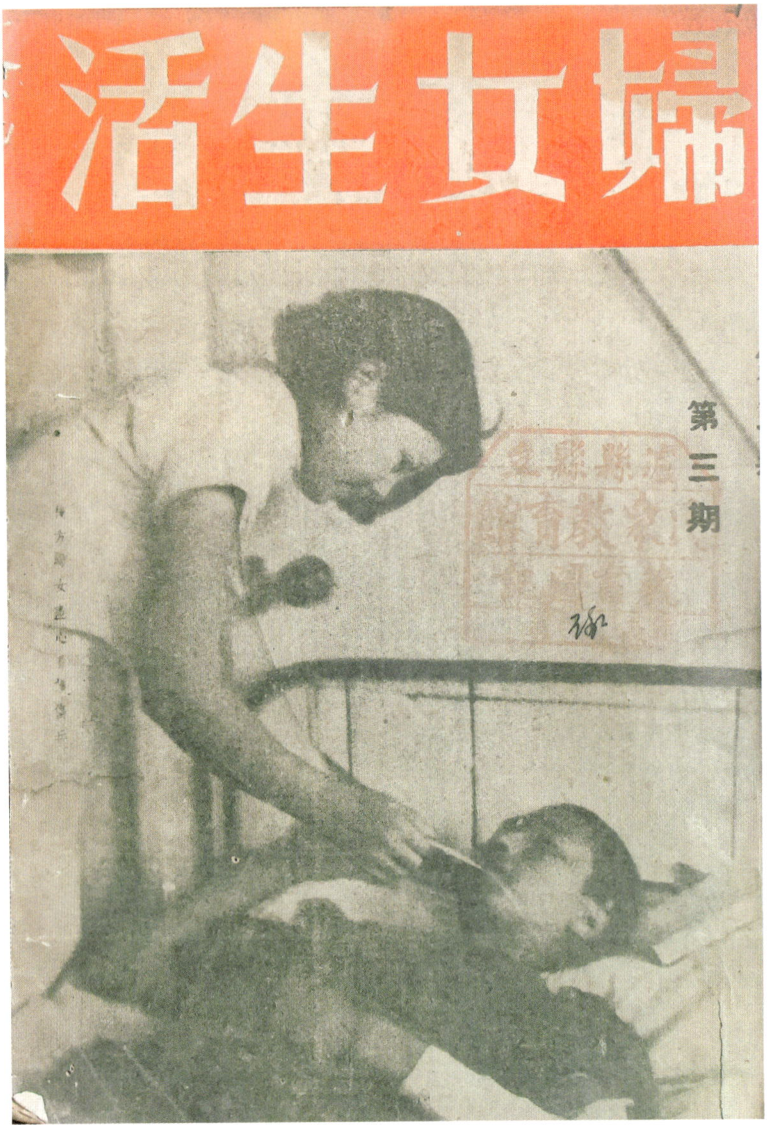

■ 妇女生活

1935 年 7 月创刊
创刊地点：上海
编　　辑：沈滋九
高　　度：26cm

《妇女生活》于1935年7月在上海创刊，抗战期间曾迁汉口出版，后又迁重庆出版，停刊于1941年3月第9卷第6期。本刊为妇女月刊，其中3—8卷为半月刊，后又改为月刊。主要报道国内外妇女的现实生活，让读者明白今日妇女的命运与前途，介绍现代妇女运动的知识，借以扩大广大女性的眼界，刊登各种讲座、讲话等，让妇女们充实内在素养，开拓正确的思路。馆藏3期。

妇女杂志

1915 年 1 月 5 日创刊
创刊地点：上海
编　　辑：妇女杂志社
高　　度：26cm

《妇女杂志》于1915年1月5日在上海创刊，停刊于1931年12月第17卷第12期，属于偏保守的妇女月刊，前后共17卷（每卷12期）204期。1928年到1930年间，该杂志也称《妇女》。该刊物提倡发展女子教育，向妇女介绍自然科学、生理卫生等方面的新知识，冀妇女自立，谋妇女解放，在当时的妇女界有一定的影响，为该时代知识分子及苏浙沪一带女学生所追捧。但该刊反对妇女参政，仍要求妇女做贤妻良母，带有一定的封建思想色彩。馆藏81期。

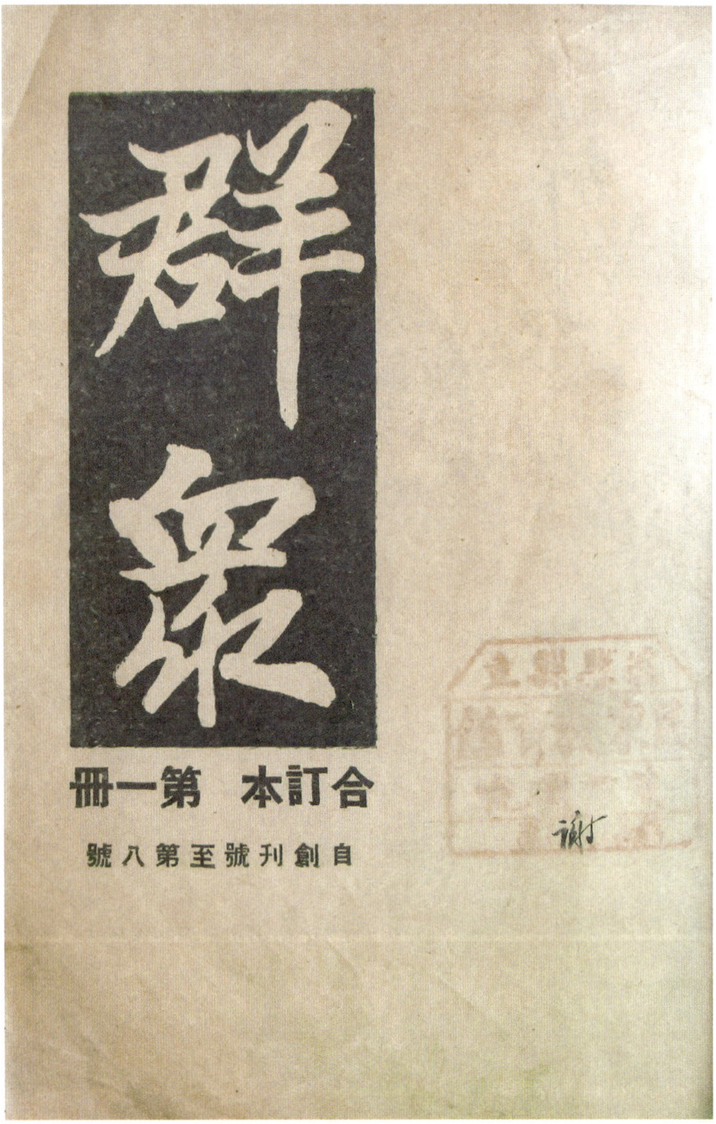

群众

1937 年 12 月 11 日创刊
创刊地点：武汉
编　　辑：群众周刊社
高　　度：26cm

《群众》于1937年12月11日在武汉创刊，为周刊。本刊是国共建立抗日民族统一战线后，中国共产党在国统区创办的首个公开发行的机关刊物。该刊宣扬马克思列宁主义，帮助广大读者们理解抗日战争的正义性与抗战胜利的必然性，同时总结整理全国各地抗日群众运动的经验教训。本刊的创刊发行打开了国民党管控的缺口，既让我们党的抗战思想和主张得以公开发声，又起到了为《新华日报》鸣锣开道的作用。馆藏20期。

■ 民意

1929年3月创刊
创刊地点：上海
主办：民意周刊社
高　　度：26.2cm

《民意》1929年3月创刊于上海，属于反动政治类周刊。该刊大肆鼓吹国民党一党专政，喊出了“支持国民党一党专政”口号，并多次采用歪曲事实的方式对当时国内发生的一系列事变进行扭曲的报道，颠倒事实真相，在当时的民众之间产生了一定的不良影响。在后期开始为国民党改组派发声，抗议蒋介石践踏党内民主的行为。该刊对于20世纪20、30年代国民党召开的历次重要会议进行了较为详细的报道，对于研究近代以来国共两党关系等问题提供了比较详细的资料。馆藏27期。

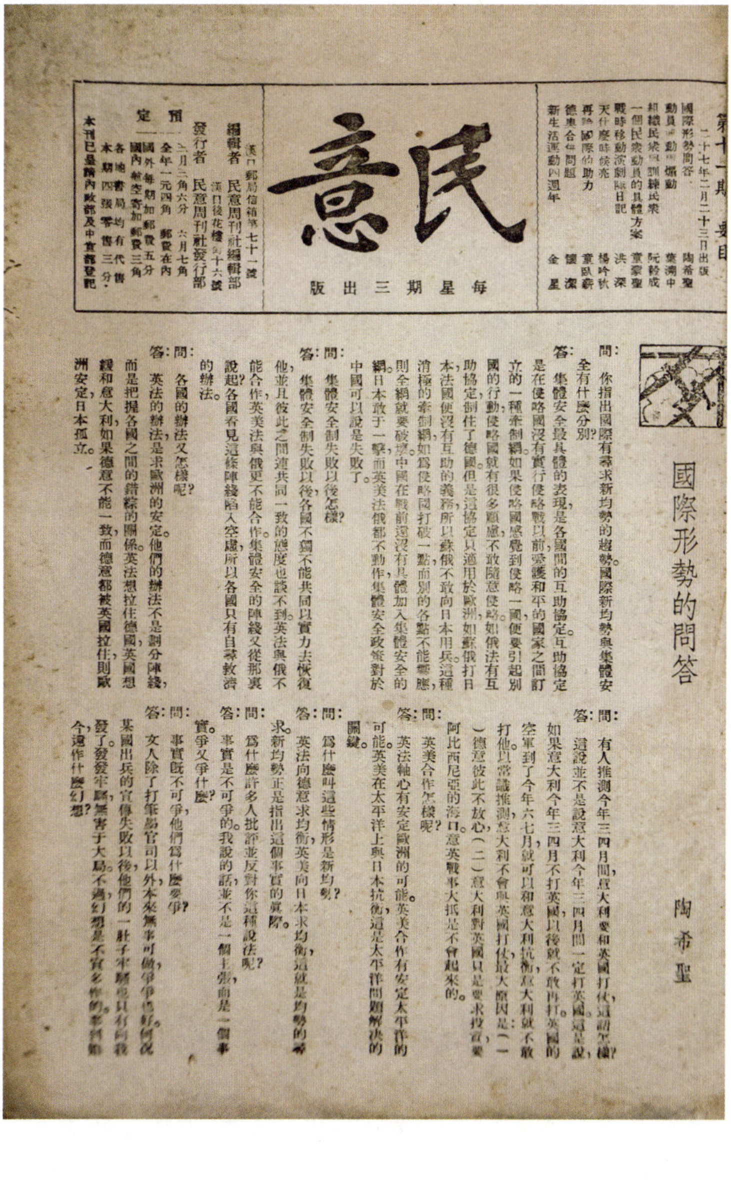

第十一期　要目

二十七年二月二十三日出版

國際形勢問答　陶希聖
動員與動員協動　葉溯中
組織民衆與訓練民衆　阮毅成
一個民衆動員的具體方案　童蒙聖
戰時移動演劇隊日記　洪深
天什麼時候亮　楊吟秋
再論國際的助力　童臥薪
德奧合併問題　懷潔
新生活運動四週年　金星

民意

每星期三出版

編輯者　民意周刊社編輯部　漢口郵局信箱第七十一號
發行者　民意周刊社發行部　漢口後花樓[illegible]十六號

預定
——三月三角六分　六月七角
——全年一元四角　郵費在內
——國外每期加郵費五分　國內航空寄加郵費三角
各地書局均有代售　本期四張零售三分。
本刊已呈請內政部及中宣部登記

國際形勢的問答

陶希聖

問：你指出國際有尋求新均勢的趨勢。國際新均勢與集體安全有什麼分別？

答：集體安全最具體的表現，是各國間的互助協定。互助協定是在侵略國沒有實行侵略戰以前，愛護和平的國家之間訂立的一種牽制網。如果侵略國感覺到侵略一國便要引起別國的行動，侵略國就有很多顧慮，不敢隨意侵略。如俄法有互助協定，制住了德國。但是這協定只適用於歐洲，如蘇俄打日本，法國便沒有互助的義務，所以蘇俄不致向日本用兵。這種消極的牽制網，如爲侵略國打破一點，而別的各點不能響應，則全網就要破壞。中國在戰前還沒有具體加入集體安全的網。日本敢于一擊，而英美法俄都不動作，集體安全政策對於中國可以說是失敗了。

問：集體安全制失敗以後怎樣？

答：集體安全制失敗以後，各國不獨不能共同以實力去恢復他，並且彼此之間連共同一致的態度也談不到。英法與俄不能合作，英美法與俄更不能合作。集體安全的陣綫又從那裏說起？各國看見這條陣綫陷入空虛，所以各國只有自尋救濟的辦法。

問：各國的辦法又怎樣呢？

答：英法的辦法，是求歐洲的安定。他們的辦法不是劃分陣綫，而是把握各國之間的錯綜的關係。英法想拉住德國，英國想緩和意大利，如果德意不能一致，而德意都被英國拉住，則歐洲安定，日本孤立。

問：有人推測今年三四月間，意大利要和英國打仗，這話怎樣？

答：這說並不是說意大利今年三四月間一定打英國。這是說，如果意大利今年三四月不打英國，以後就不敢再打。英國的空軍到了今年六七月，就可以和意大利抗衡，意大利就不敢打他。以常識推測，意大利不會與英國打仗，最大原因是：（一）德意彼此不放心，（二）意大利對英國只是要求投資，要阿比西尼亞的海口。意英戰事大抵是不會起來的。

問：英美合作怎樣呢？

答：英法軸心有安定歐洲的可能。英美合作有安定太平洋的可能。英美在太平洋上與日本抗衡，這是太平洋問題解決的關鍵。

問：爲什麼叫這些情形是新均勢？

答：英法向德意求均衡，英美向日本求均衡，這就是均勢的要求。新均勢正是指出這個事實。

問：爲什麼許多人批評並反對你這種說法呢？

答：事實是不可爭的。我說的話並不是一個主張，而是一個事實。爭又爭什麼？

問：事實既不可爭，他們爲什麼要爭？

答：文人除了打筆墨官司以外，本來無事可做，爭爭也好。何況某國出兵的宣傳失敗以後，他們的一肚子牢騷也只有向我發了。發發牢騷，無害于大局。不過幻想是不宜多作的。事到如今，還作什麼幻想？

七月

1937年9月11日创刊
创刊地点：上海
编　　辑：胡风
高　　度：25cm

《七月》1937年9月11日创刊于上海，属于现代文艺期刊。出版3期6日刊后，1937年10月16日在汉口改为半月刊。后因日本向武汉进攻，该刊再度停刊，至1939年7月在重庆复刊，发行至第19期改为月刊。其最后一期出版于1941年9月的第7集1、2期合刊。该刊宗旨是在“意识战线”上为抗日战争做出贡献，使“民众的情绪和认识”走向他们所希望的目标，是以胡风为代表的文学流派“七月派”的刊物。该刊前后4年，共出32期计30册。馆藏8期。

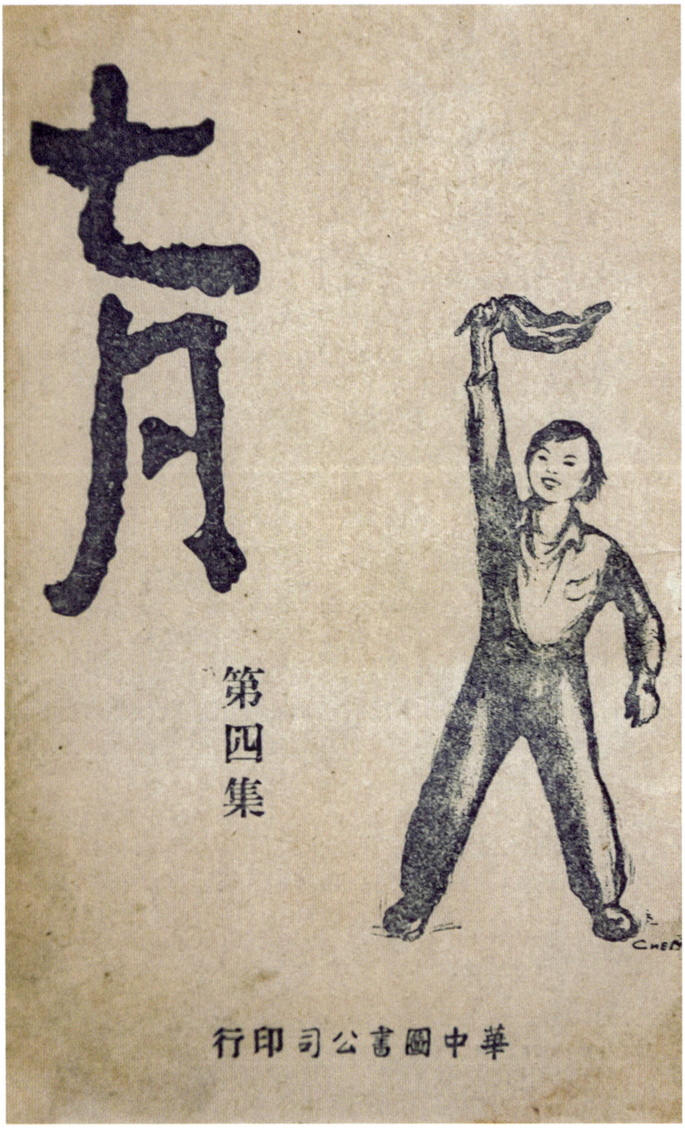

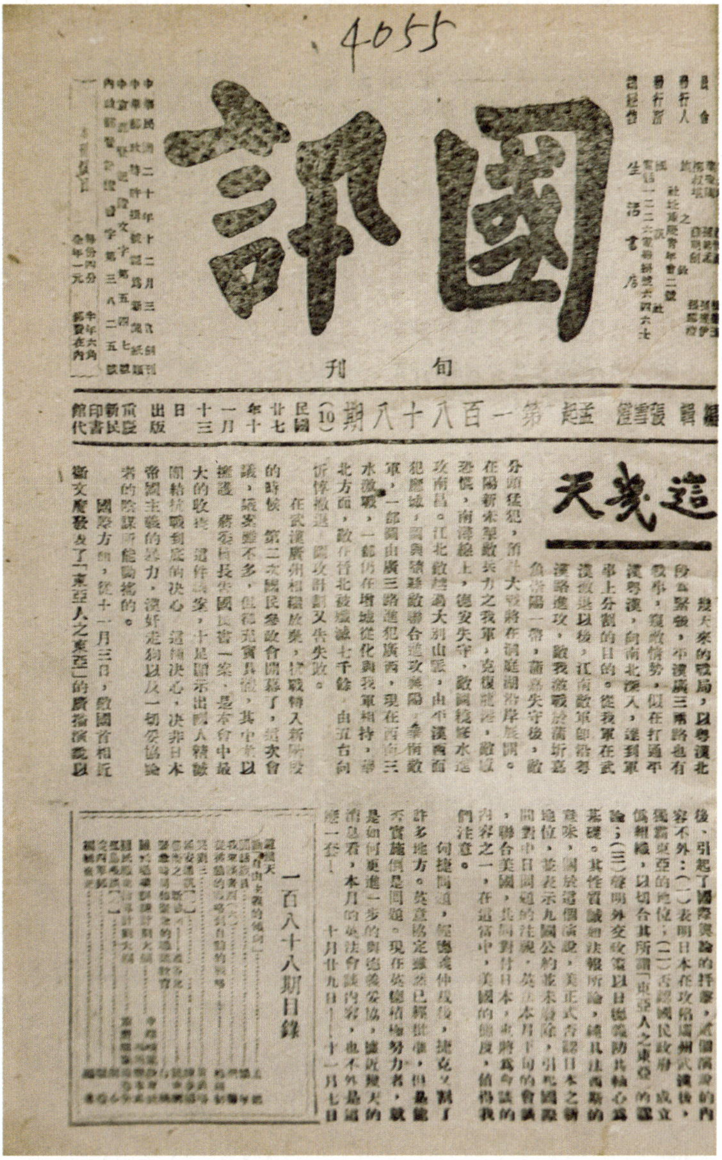
國訊

旬刊

第一百八十八期(10)

這幾天

一百八十八期目錄

国讯

1934 年 12 月 23 日创刊
创刊地点：上海
编　　辑：杨卫玉等
高　　度：26.5cm

《国讯》前身为《救国通讯》，1931年12月23日创刊于上海，1934年1月改为《国讯》，是以抗日救亡为宗旨的著名新闻刊物。该刊初为半月刊，1935年1月改为旬刊，1947年5月又改为周刊。全面抗战上海失陷后被迫停刊，1938年8月13日复刊于重庆，抗战胜利后又迁回上海出版。先后出香港版、昆明版、桂林版，1948年4月9日被国民党政府勒令停刊。历时17年，共出457期。馆藏1期。

■ 反侵略

1938 年 9 月 3 日创刊
创刊地点：汉口
编　　辑：国际反侵略运动大会中国分会
高　　度：25cm

《反侵略》1938年9月3日创刊于汉口，属于政治刊物。最初为周刊，从第2卷第1期起改为半月刊。出至第3卷第10期停刊，于1942年1月1日复刊，继续出第4卷第1期。该刊以宣传反侵略为宗旨，对外为建立国际反侵略联合阵线制造舆论，报道各国反侵略战争动态；对内联络各抗日救亡组织和团体，报道中国英勇抗日的情况，宣传中国为维护人类正义和世界和平而战的意义。该刊对研究抗日战争时期的相关问题有重要的史料参考价值。馆藏7期。

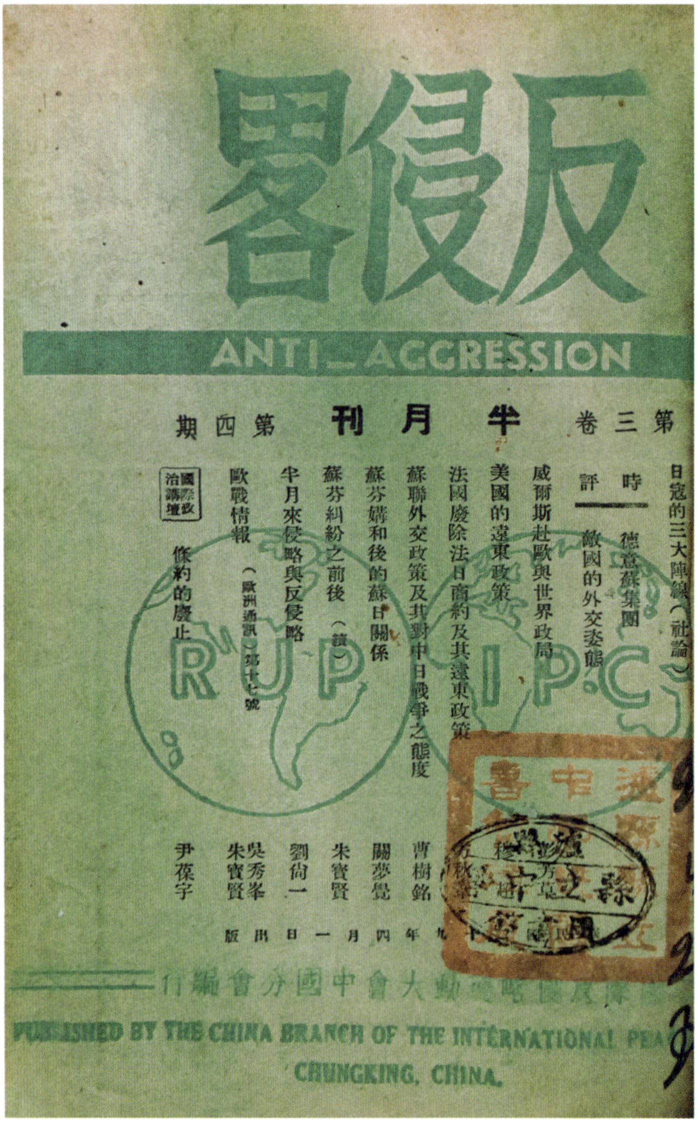

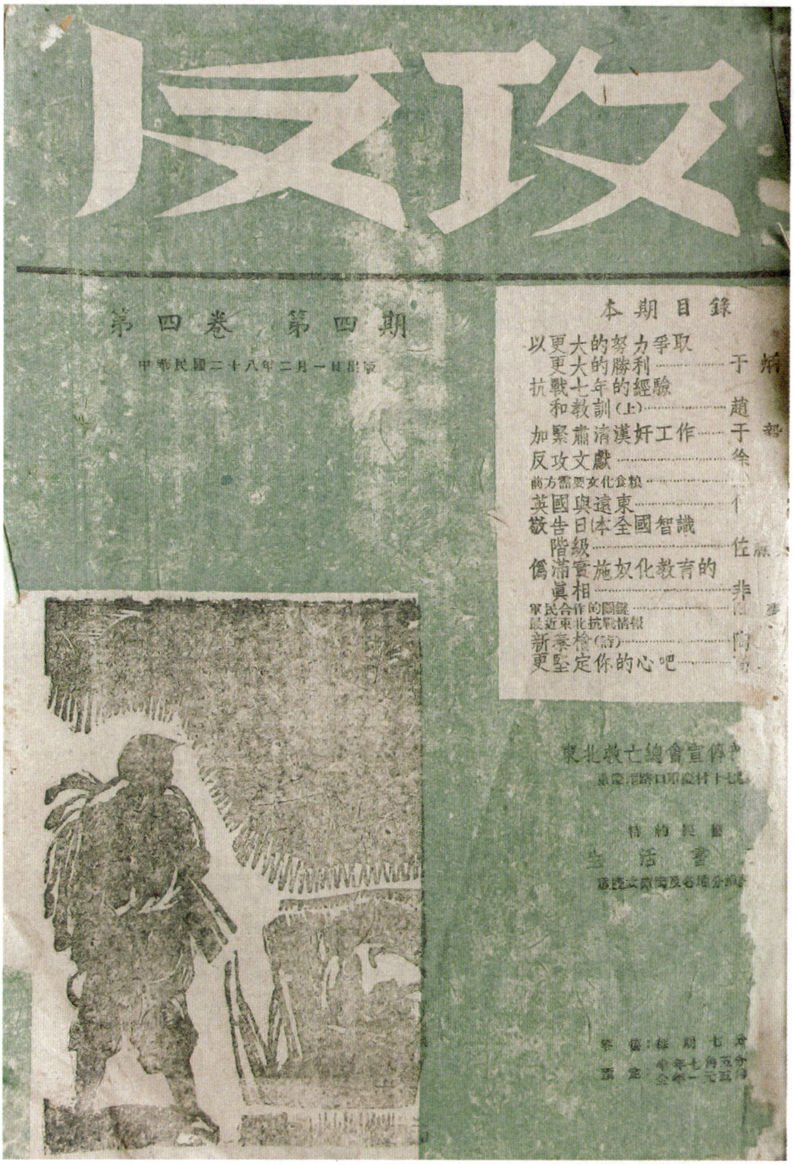

■ 反攻

1937 年 2 月创刊
创刊地点：武昌
编　　辑：东北救亡总会宣传部
高　　度：26cm

《反攻》于1937年2月创刊于武昌，为研究东北及华北问题的综合半月刊。该刊从1938年12月16日第4卷第1期起在重庆出版，1945年8月抗日战争胜利后停刊，共出版了19卷94期。该刊的创办表现了中国军民高昂的抗战精神，一如该刊的刊名一样，对于抗日战争起到了很好的宣传作用。因此，该刊对于研究抗日战争，尤其是东北和华北地区的抗战情况有一定参考价值。馆藏2期。

全民抗战

1938 年 7 月创刊
创刊地点：汉口
编　　辑：邹韬奋
高　　度：26cm

《全民抗战》于1938年7月在汉口创刊，初为三日刊，后改为五日刊、周刊，1941年2月停刊，共157期。原名为《抗战》，1938年7月第7期起改名《抵抗》，第36期后与《全民周刊》合并，改名《全民抗战》，卷期另定。该刊以号召全民族支持抗日战争为特殊的职责，使该刊物真正成为代表全国人民的公意与全民教育宣传最有力的工具，其大部分内容是反映国民党军队在正面战场的战况，并载有八路军总司令朱德的论述、蒋介石的抗战言论和《国际研究资料》等。馆藏38期。

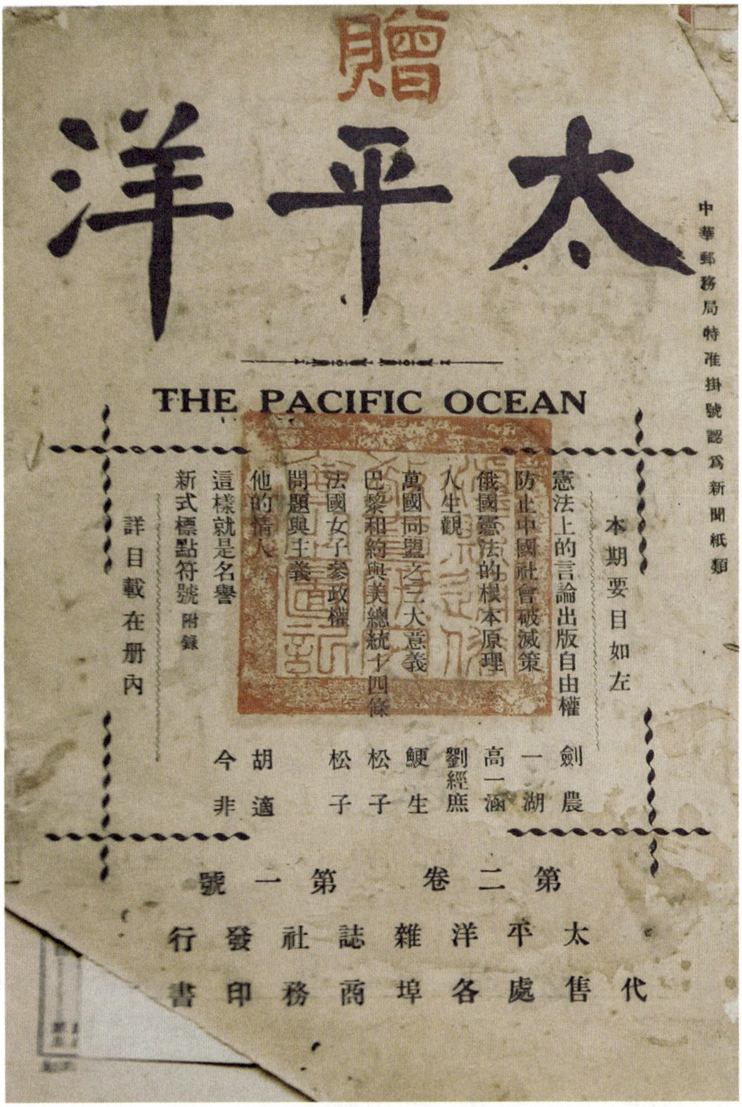

■ 太平洋

1917 年 3 月创刊
创刊地点：上海
编　　辑：太平洋杂志社
高　　度：24cm

《太平洋》1917年3月创刊于上海，第1卷出版12期，第2卷起每卷出版10期，共计出版4卷42期，是政治性双月刊。其宗旨在于“考证学理、斟酌国情，以求真是真非，于财政经济各问题，尤多所论列，不为何种政团张其党势。亦不自立门户，别成一新政团之机关”，即表明了该刊政治中立、实事求是的态度，它对于五四前后政治运动有深刻的影响。馆藏7期。

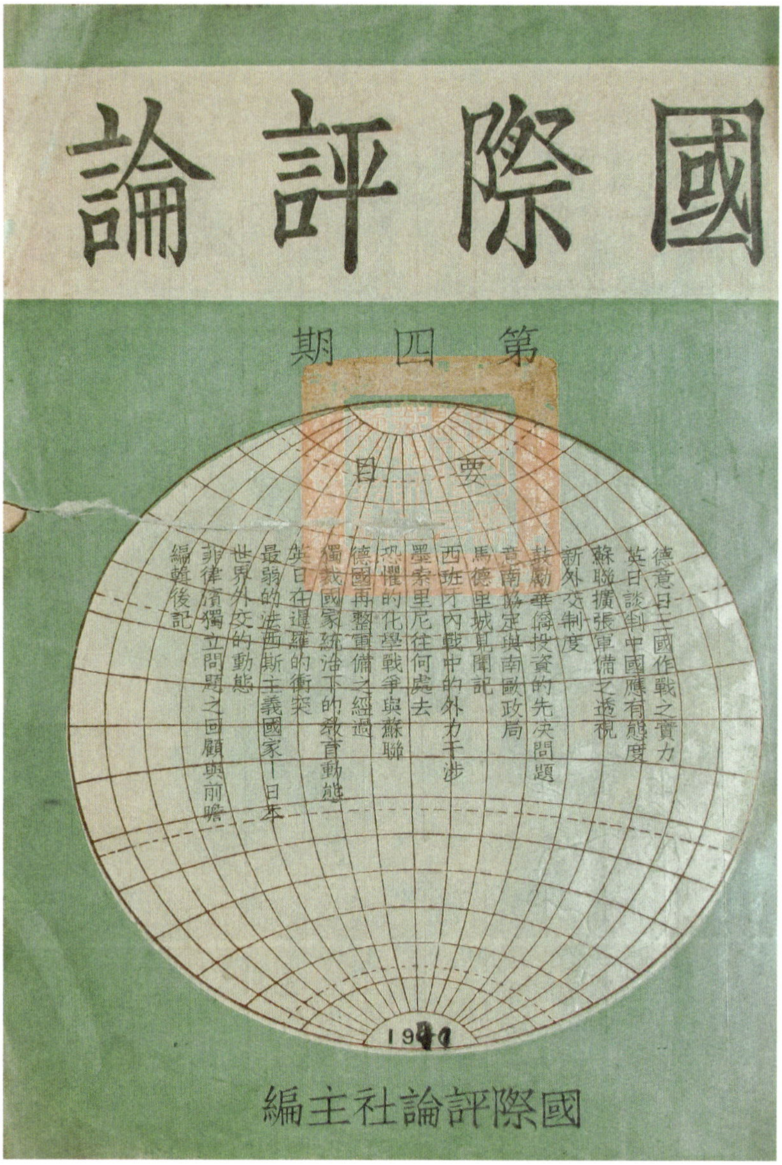

国际评论

1936 年 9 月创刊
创刊地点：南京
编　　辑：国际评论社
高　　度：26cm

《国际评论》1936年9月创刊于南京，是政治类刊物。该刊以“讨论国际问题”为宗旨，主要刊载、转载国内外对时局的评论，包括对各国政坛状况、德意法西斯经济体系以及战争发展趋势的分析，对中国外交政策的建议。该刊提到中国在绥远地区攻守形势的转变是中国外交史上重要事件，还论及中国的币制改革等问题，表达了作者对国事和时局的关心和忧虑之情。馆藏9期。

■ 战斗

1938 年创刊
创刊地点：余姚
编　　辑：战斗周刊社、余姚抗日自卫会抗建出版社
高　　度：26cm

《战斗》1938年在浙江余姚创刊，为周刊，主旨为宣传抗战，第40期起由余姚抗日自卫会抗建出版社编辑发行。该刊旨在宣传抗日自卫，唤起民众投入战斗的信念，发表声讨汪精卫卖国投降的文章，介绍抗战形势和浙江余姚地区抗日活动，是研究抗日战争的重要资料。馆藏2期。

■ 文化先锋

1942年9月1日创刊
创刊地点：重庆
编　　辑：李辰冬
高　　度：26cm

《文化先锋》1942年9月1日创刊于重庆，为综合性刊物，初为周刊，1946年第6卷起迁至南京并改为半月刊，1948年10月后改为月刊。该刊是国民党建设“三民主义新文化”的宣传工具，刊中的学术研究论著对于相关学科的学术史回顾具有学术研究价值，政论时评对于研究战后秩序建设、“三民主义文化建设”和战后国际政局都具有一定的参考价值。馆藏4期。

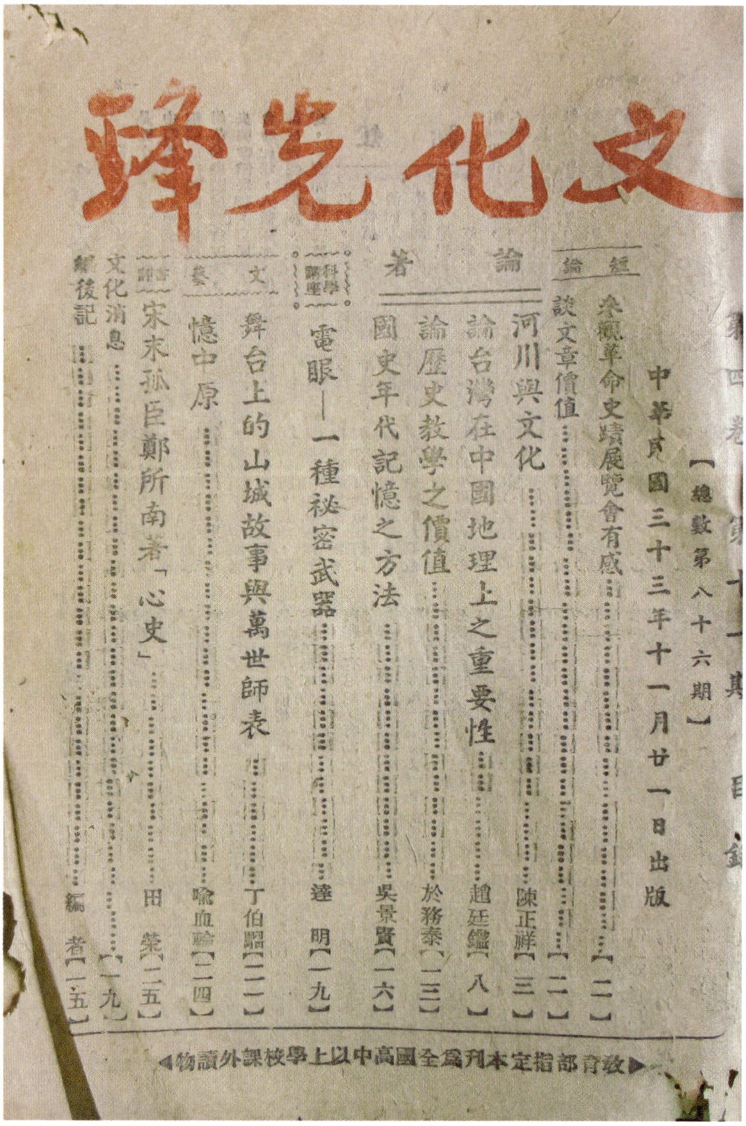
文化先鋒

中華民國三十三年十一月廿一日出版
【總數第八十六期】

短論
參觀革命史蹟展覽會有感……【二】
談文章價值……【二】

論著
河川與文化……陳正祥【三】
論台灣在中國地理上之重要性……趙廷鑑【八】
論歷史教學之價值……於務泰【一三】
國史年代記憶之方法……吳景賢【一六】

科學講座
電眼——一種秘密武器……達明【一九】

文藝
舞台上的山城故事與萬世師表……丁伯騮【二一】
憶中原……喻血輪【二四】

書評
宋末孤臣鄭所南著「心史」……田榮【二五】

文化消息……【一九】
編後記……編者【一五】

教育部指定本刊爲全國高中以上學校課外讀物

甲寅

1914年5月创刊
创刊地点：日本东京
编　　辑：章士钊
高　　度：25cm

《甲寅》1914年5月创刊于日本东京，第4期后因故停刊，翌年5月改在上海出版，直到10期因袁世凯政府禁止其在邮局寄售而停刊。该刊属时政评论综合月刊，以通信最为出色。该刊以独立讨论政治为职责，以言论大胆著称。它反对帝制复辟，宣传民主共和，为新文化运动的兴起开辟了道路并做了思想上的准备，是《新青年》杂志问世前传播西方思想文化的主要阵地。该刊后由《甲寅周刊》继承。馆藏5期。

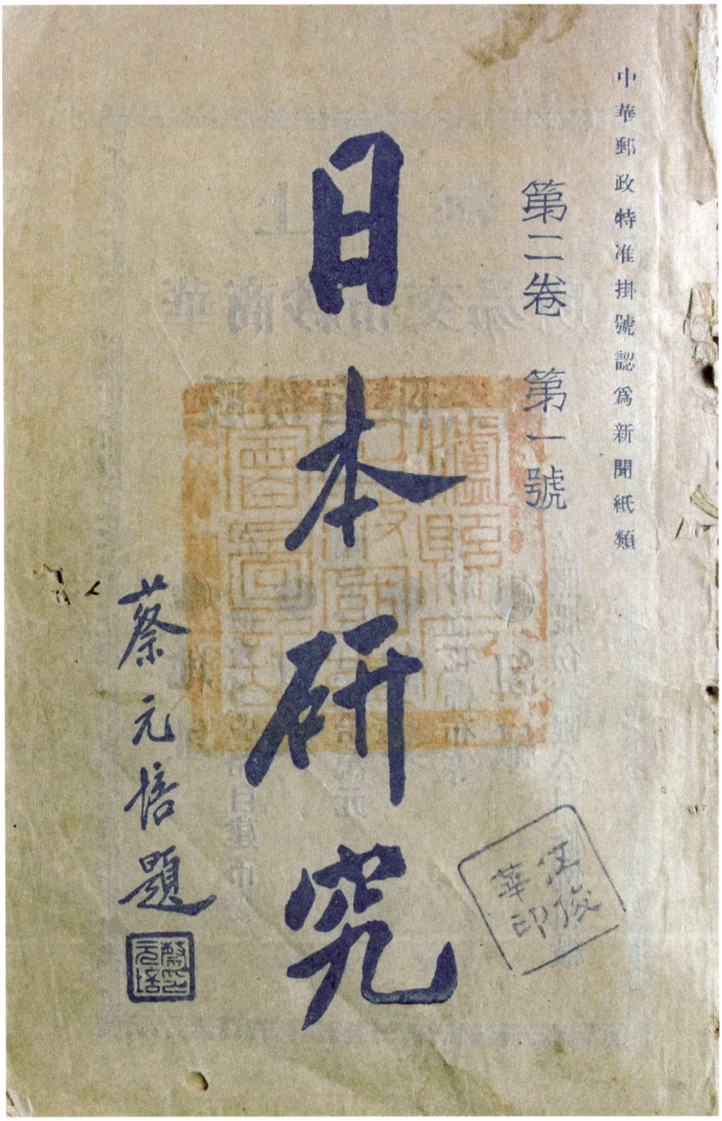

日本研究

1930 年 1 月创刊
创刊地点：上海
编　　辑：陈乐素
高　　度：18cm

《日本研究》创刊于1930年1月的上海，属于综合类月刊。该刊在20世纪30年代初中日关系变化莫测的时期创办，旨在普及有关日本的知识，增加国人对日本的了解。同时该刊有诸多名人政要论日本研究，不仅体现了他们的对日观，也为了解这一时期部分高层对中日关系的想法，具有较高的参考价值。该刊除了时政，许多历史文化研究在今日仍不过时。馆藏3期。

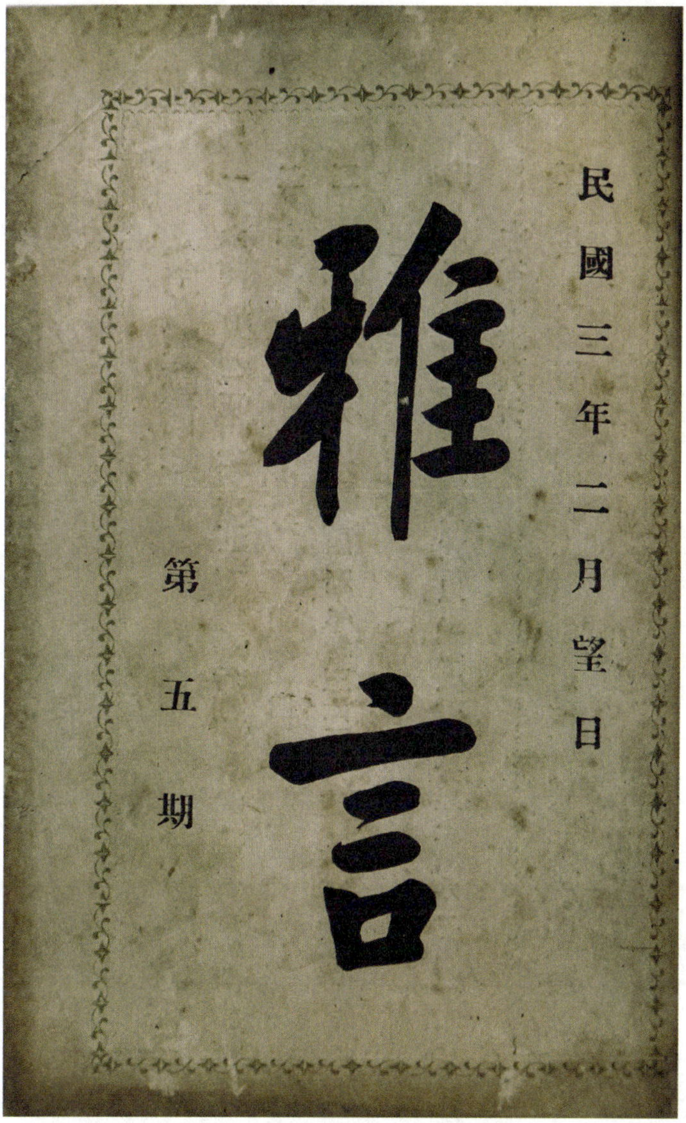

雅言

1913 年 12 月创刊
创刊地点：上海
编　　辑：雅言杂志社
高　　度：21.3cm

《雅言》于1913年12月在上海创刊，停刊于1915年2月1卷12期，属于社科综合性半月刊。该刊分论说、纪事、文艺、杂录四个部分，发表政治、经济、历史、文化、教育等方面的论文、译作，刊载国内外大事记。馆藏3期。

新民族

1938 年 2 月创刊
创刊地点：重庆
编　　辑：新民族编辑部
高　　度：26cm

《新民族》1938年2月在重庆创刊，1939年6月停刊，属于抗战宣传周刊。该刊以“发扬民族精神，树立建国意识，增进抗敌力量”为宗旨，希望以文艺的力量激起广大民众抗战建国的热情，是研究抗战文化的资料。馆藏1期。

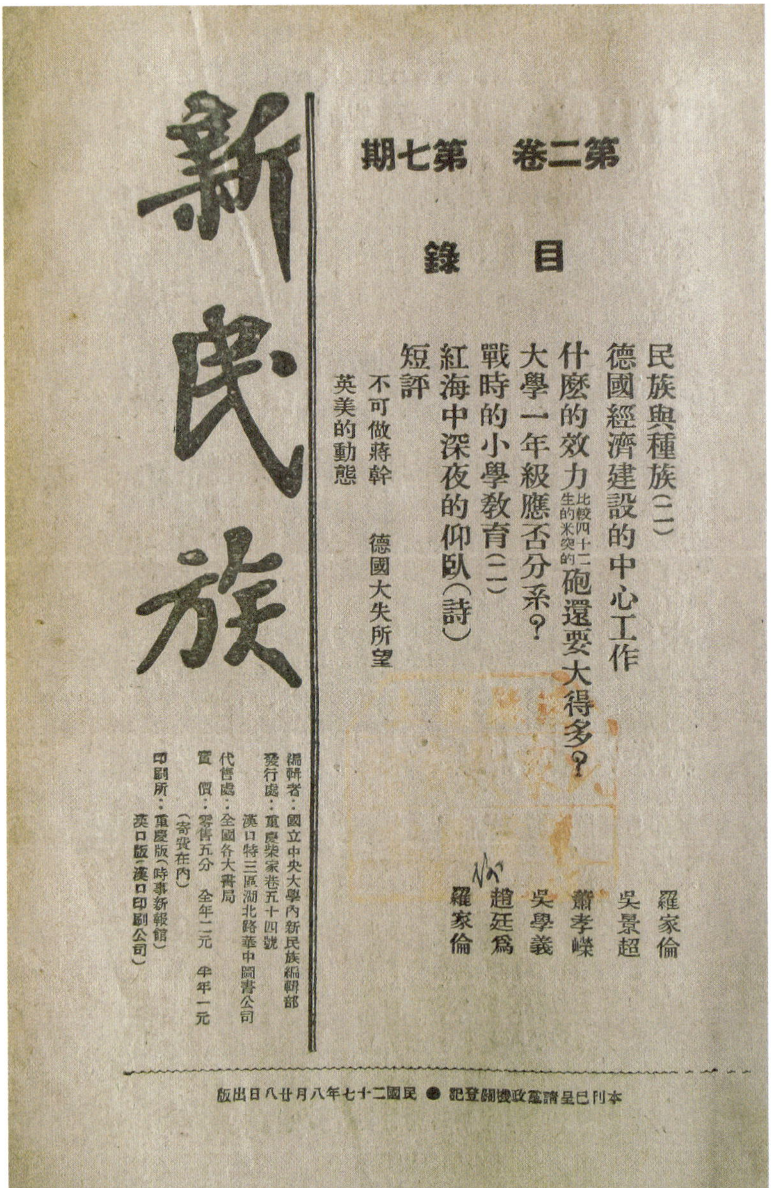
新民族

第二卷　第七期

目錄

編輯者：國立中央大學內新民族編輯部
發行處：重慶柴家巷五十四號
漢口特三區湖北路華中圖書公司
代售處：全國各大書局
價：零售五分　全年二元　半年一元
(寄費在內)
印刷所：重慶版(時事新報館)
漢口版(漢口印刷公司)

本刊已呈請黨政機關登記 ● 民國二十七年八月廿八日出版

■ 中国建设

1930 年 1 月创刊
创刊地点：上海
编　　辑：中国建设编辑委员会
高　　度：26cm

《中国建设》1930年1月创刊于上海，属于经济时政类月刊。该刊以研究、宣传、促进建设事业为宗旨，内容涉及各个领域的建设事宜，包括政治、经济、自然科学等多个方面。该刊刊登了大量学术研究文章，一定程度上反映了这些学术史的发展情况，同时这些研究论文也为学科建设和理论研究提供了一些可做对比的参考资料。另外刊内保存了大量的图表资料，对于研究者也有一定的参考价值。馆藏1期。

建设

1919 年 8 月 1 日创刊
创刊地点：上海
编　　辑：胡汉民
高　　度：26cm

《建设》1919年8月1日创刊于上海，综合类月刊。该刊为中国国民党前身中华革命党党刊，由孙中山任命的胡汉民、汪精卫、戴季陶、廖仲恺、朱执信组成建设社主办。其宗旨是宣传该党的“建国思想”，是五四时期的进步刊物，1920年12月1日第3卷第1号出版后停刊。该刊的文章涉及多个领域，包括政治、经济、社会、文化，是研究中国国民党党史的重要资料。馆藏1期。

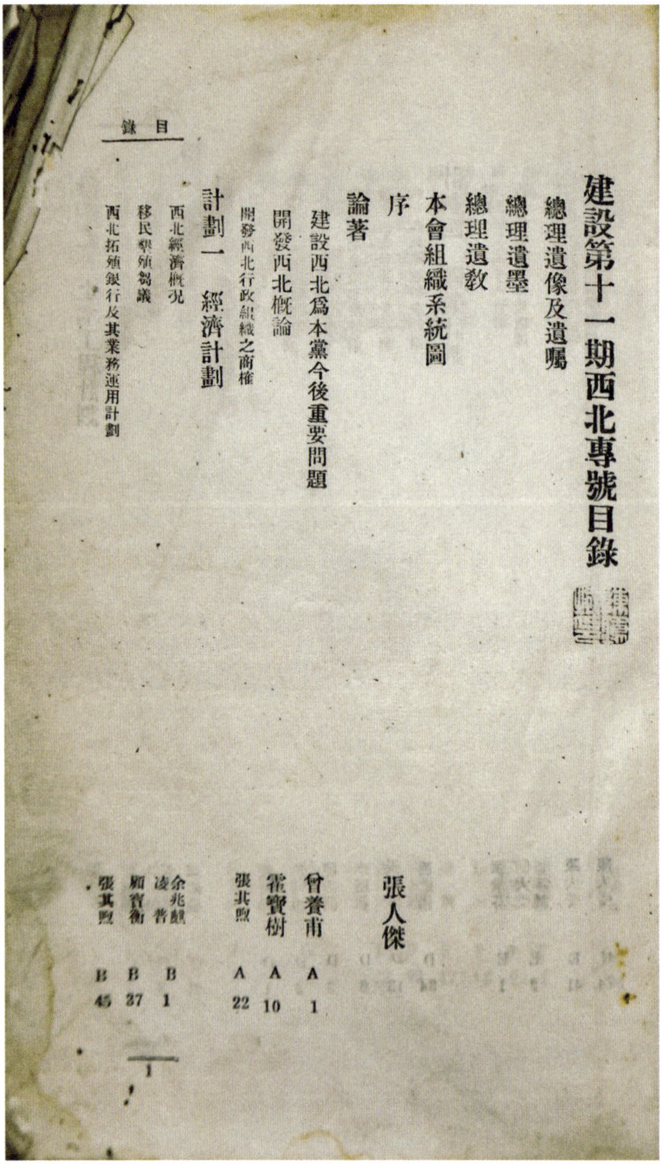

建設第十一期西北專號目錄

目錄　1

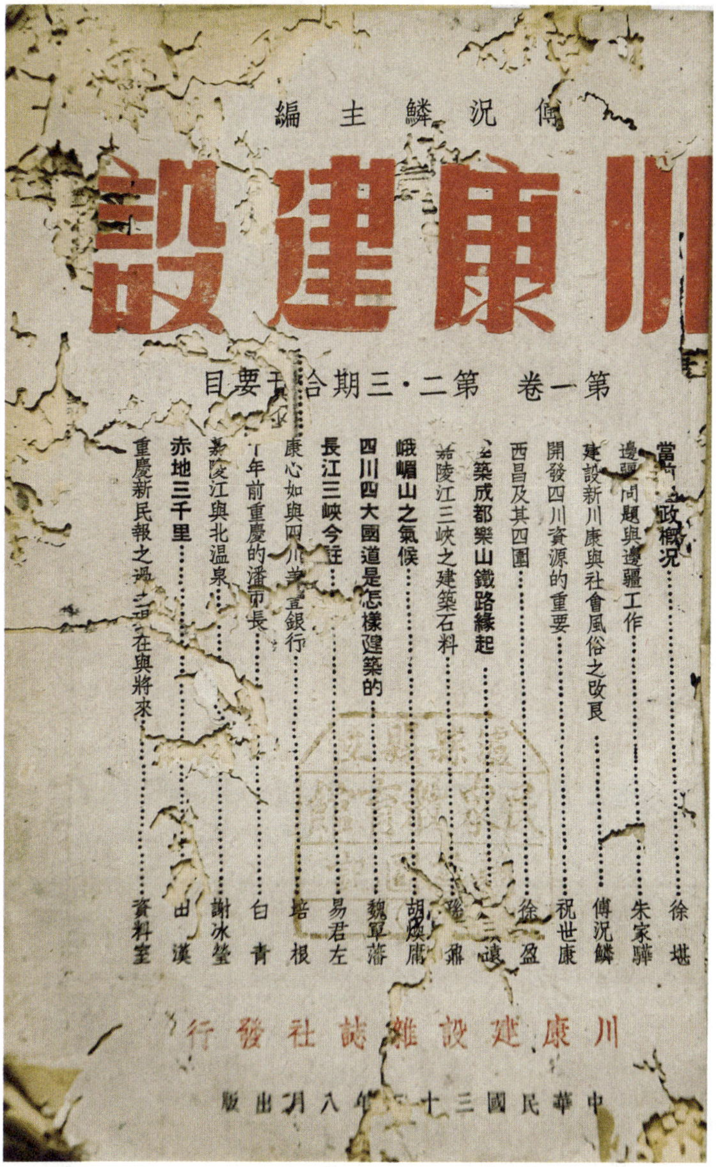

■ 川康建设

1943 年创刊
创刊地点：重庆
发行：川康建设杂志社
高　　度：25.6cm

《川康建设》1943年创刊于重庆，为季刊，由傅况麟编辑，是20世纪40年代创办的地方建设刊物。内容围绕抗日救国、建国兴邦等主题展开，报道各地开展的复兴地方经济及建设工作，为地方区域的研究提供了基本的参考史料，具有重要的研究价值。1945年停刊。馆藏1期。

苏俄评论

1931 年 10 月创刊
创刊地点：南京
编　　辑：苏俄评论社
高　　度：24cm

《苏俄评论》于1931年10月在南京创刊，属于政论月刊，1937年停刊。

该刊反映了苏联政治、经济等各方面的发展，分析介绍苏联与世界各国的外交关系，探索中苏两国的邦交问题，并报道国内、国外时事，对国际形势进行分析，同时也登载文艺、史料等方面的文章，对于读者了解30年代苏联及国际形势给予很好的帮助。馆藏4期。

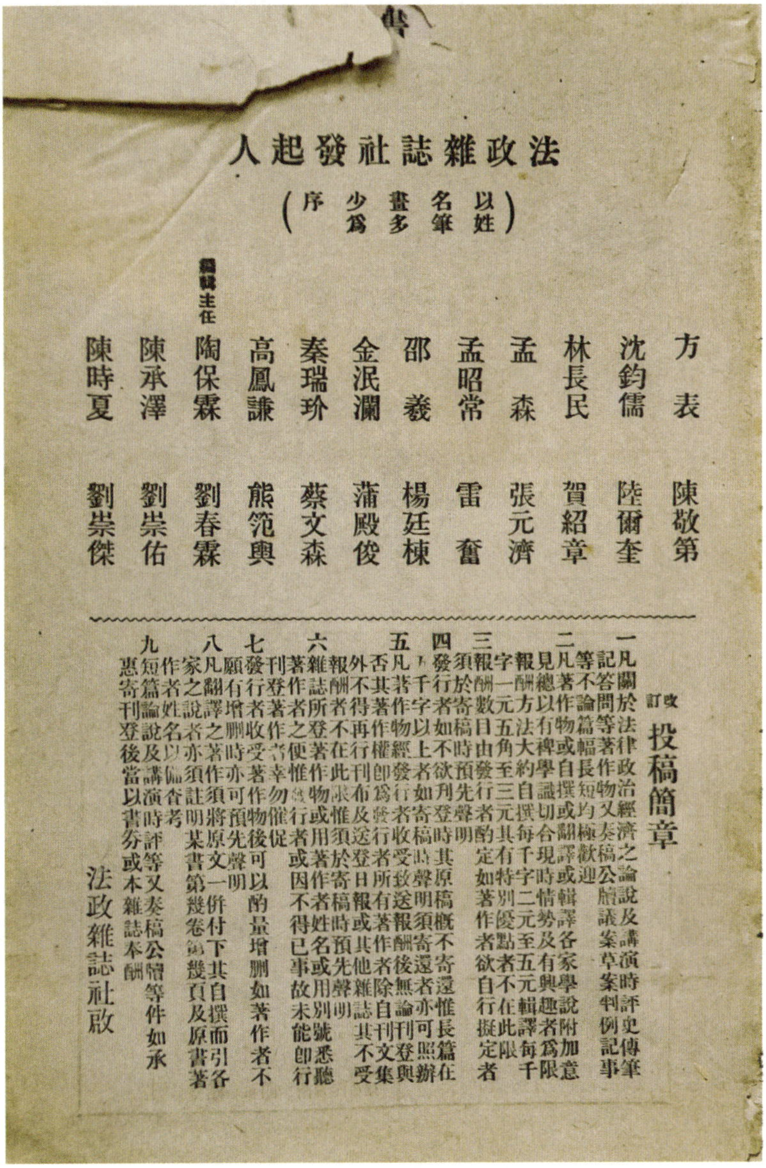
法政雜誌社發起人

（以姓名筆畫少多爲序）

方表　沈鈞儒　林長民　孟森　孟昭常　邵義　金泯瀾　秦瑞玠　高鳳謙　陶保霖（編輯主任）　陳承澤　陳時夏

陳敬第　陸爾奎　賀紹章　張元濟　雷奮　楊廷棟　蒲殿俊　蔡文森　熊範輿　劉春霖　劉崇佑　劉崇傑

投稿簡章（改訂）

一　凡關於法律政治經濟之論說及講演時評史傳筆記答問等著作物又奏稿公牘議案草案判例記事等不論篇幅長短均極歡迎

二　凡著作物或自撰或翻譯或輯譯各家學說附加意見總以有禆學識切合現時情勢及有興趣者爲限報酬方法大約自撰每千字二元至五元翻輯譯每千字一元五角至三元其有特別優點者不在此限

三　報酬數目由發行者酌定如著作者欲自行擬定者須於寄稿時預先聲明

四　發行者如不欲刊登時其原稿概不寄還惟長篇在五千字以上者如寄稿時聲明須寄還者亦可照辦

五　凡著作物經發行者收受致送報酬後無論刊登與否其著作權即爲發行者所有著作者除自刊文集外不得再行刊布及送登日報或其他雜誌其不受報酬者不在此限惟須於寄稿時預先聲明

六　雜誌所登著作物或用著作者姓名或用別號悉聽著作者之便惟發行者或因不得已事故未能即行刊登著作者幸勿催促

七　發行者收受著作物後可以酌量增刪如著作者不願有增刪時亦可預先聲明

八　凡翻譯之著作須將原文一併付下其自撰而引各家之說者亦須註明某書第幾卷第幾頁及原書著作者姓名以備查考

九　短篇論說及講演時評等又奏稿公牘等件如承惠寄刊登後當以書券或本雜誌奉酬

法政雜誌社啟

法政杂志

1911 年 2 月创刊

创刊地点：上海

编　　辑：法政杂志社

高　　度：22cm

《法政杂志》1911年2月创刊于上海，属于法学月刊。该刊是在“西学东渐”以后，国人认识到自己在法制方面不如西方，谋求改革的背景下创办的。其宗旨是研究法律政治现象，参证学理促进群治，同时宣扬法治体系，普及国民的法治观念。创办时正值国家制度处于激烈的变革时期，从内容上正好也体现了当时的制度变革，是研究民国初期政治变动和法制改良的重要史料。馆藏12期。

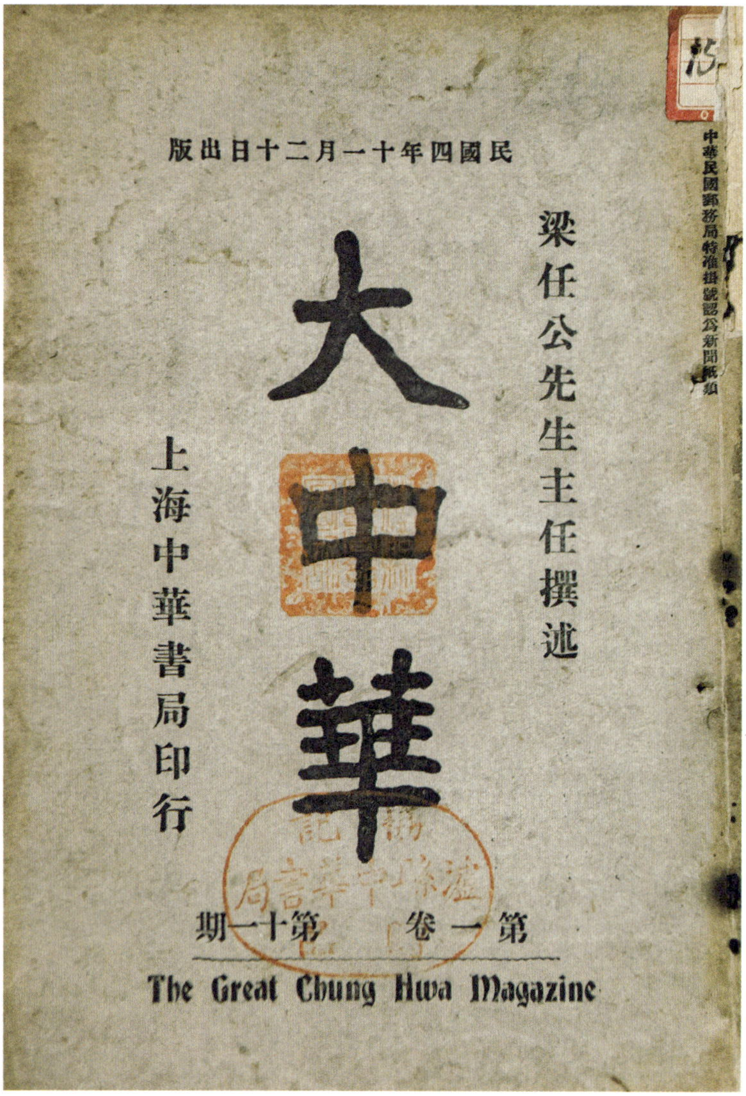

大中华

1915年1月创刊
创刊地点：上海
编　　辑：梁启超
高　　度：25.2cm

《大中华》1915年1月在上海创刊，属于时政月刊，于1916年12月停刊，共发行24期，每期内容260页左右。该刊宗旨是“养成国民的世界知识，完善国民人格，研究事理真相，为朝野上下之指南针”，刊物登载时事政治新闻、评议国家大事，教化功能明显，具有一定的社会舆论影响力，对于研究20纪初的民国和社会生活具有一定的史料价值。馆藏8期。

日本评论

1931年11月创刊
创刊地点：南京
编　　辑：日本研究会
高　　度：25cm

《日本评论》1931年11月创刊于南京，前身为《日本》，属于抗日宣传刊物。第1—16期为3日刊，1932年第1卷第1期起改为月刊，而杂志同仁有感于“国势危急”，月刊不能及时传递信息，遂由月刊转为三日刊，杂志亦改名为《日本评论三日刊》，于1931年11月9日出第一期。后因故于三日刊第23期后复刊为月刊。1937年6月出版至第10卷第5期后停刊，1940年3月在重庆复刊，重新以第1卷第1期出版。该刊对帮助民众深入了解日本，唤起国人的抗日热情都起了积极作用。同时揭露了日本侵略中国的野心，加强了民众的警惕，为整个抗战的胜利贡献出了自己的力量，对研究“九一八事变”之后中国民众对于抗日的态度及为此所做出的努力至关重要。馆藏10期。

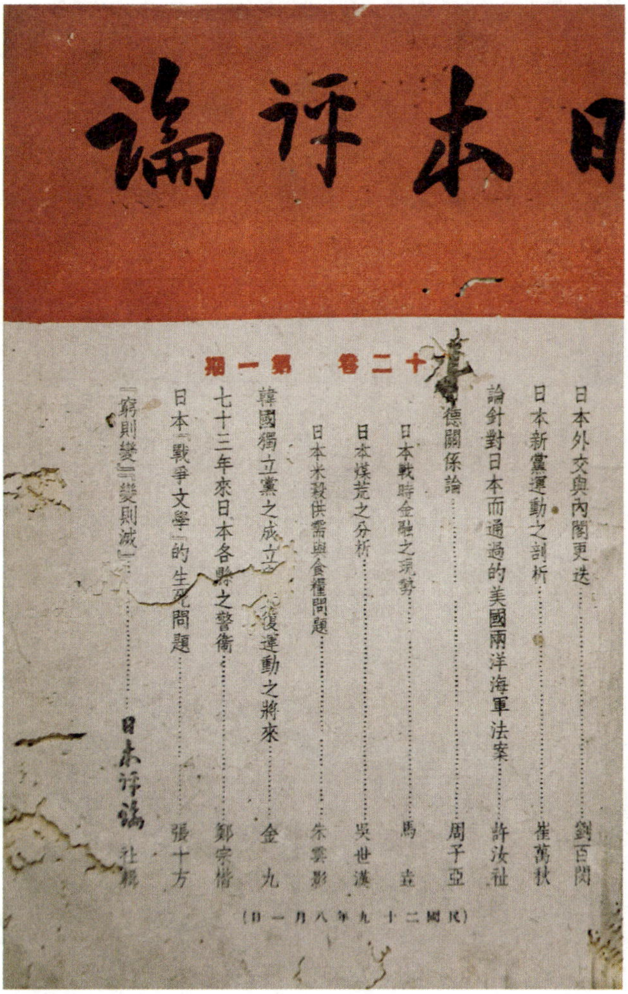

日本評論

十二卷 第一期

日本外交與內閣更迭　劉百閔
日本新黨運動之剖析　崔萬秋
論針對日本而通過的美國兩洋海軍法案　許汝祉
德關係論　周子亞
日本戰時金融之現勢　馬𡊮
日本煤荒之分析　吳世漢
日本米穀供需與食糧問題　朱雲影
韓國獨立黨之成立……復運動之將來　金九
七十二年來日本各縣之警衛　鄭宗楷
日本『戰爭文學』的生死問題　張十方
『窮則變』『變則滅』　日本評論社

（民國二十九年八月一日）

独立评论

1932 年 5 月创刊
创刊地点：北平
编　　辑：胡适
高　　度：26cm

《独立评论》于1932年5月在北平创刊，属于时政周刊，1936年底被迫停刊，1937年4月复刊，1937年7月终刊，共出版244期。其标榜“独立”精神，发刊词称：“不倚傍任何党派，不迷信任何所见，用负责的言论发表各人思考的结果。”该刊以刊登政治时事评论为主要内容，对于日本的侵略活动主张妥协退让，支持南京政府“攘外必先安内”的政策，支持资产阶级自由主义，提倡西方民主政治，反对独裁专制和文化复古主义。馆藏120期。

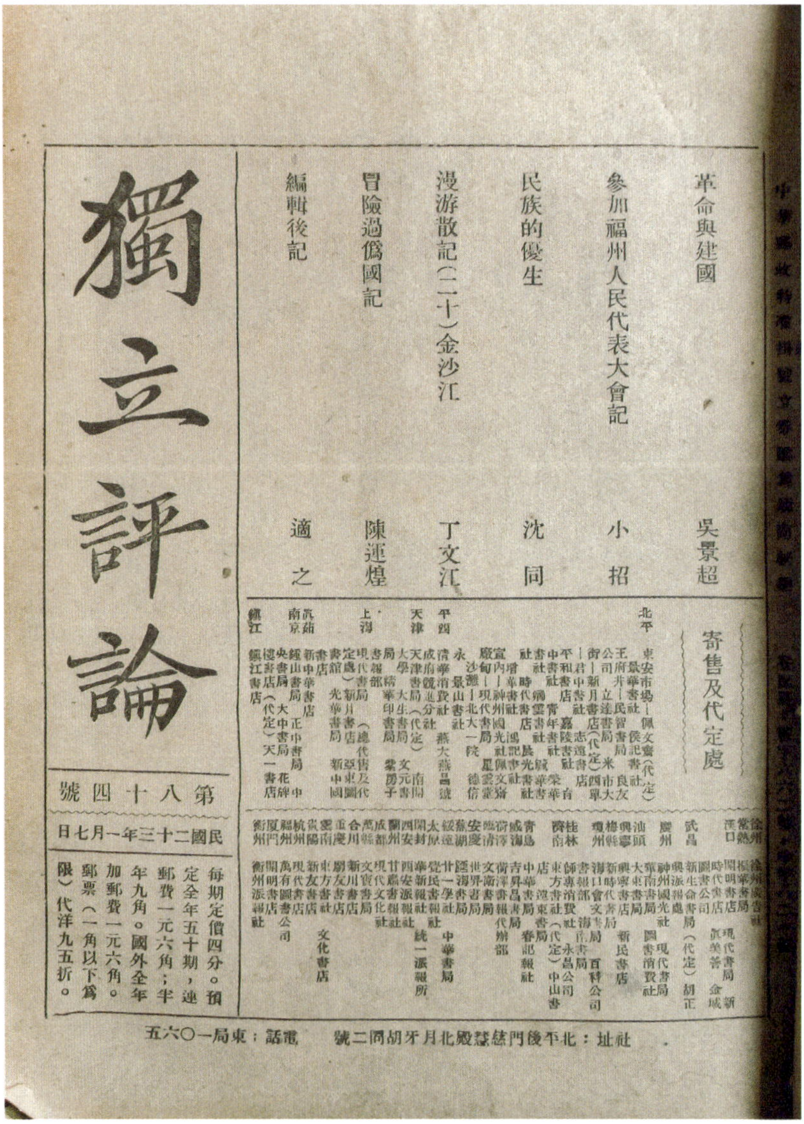

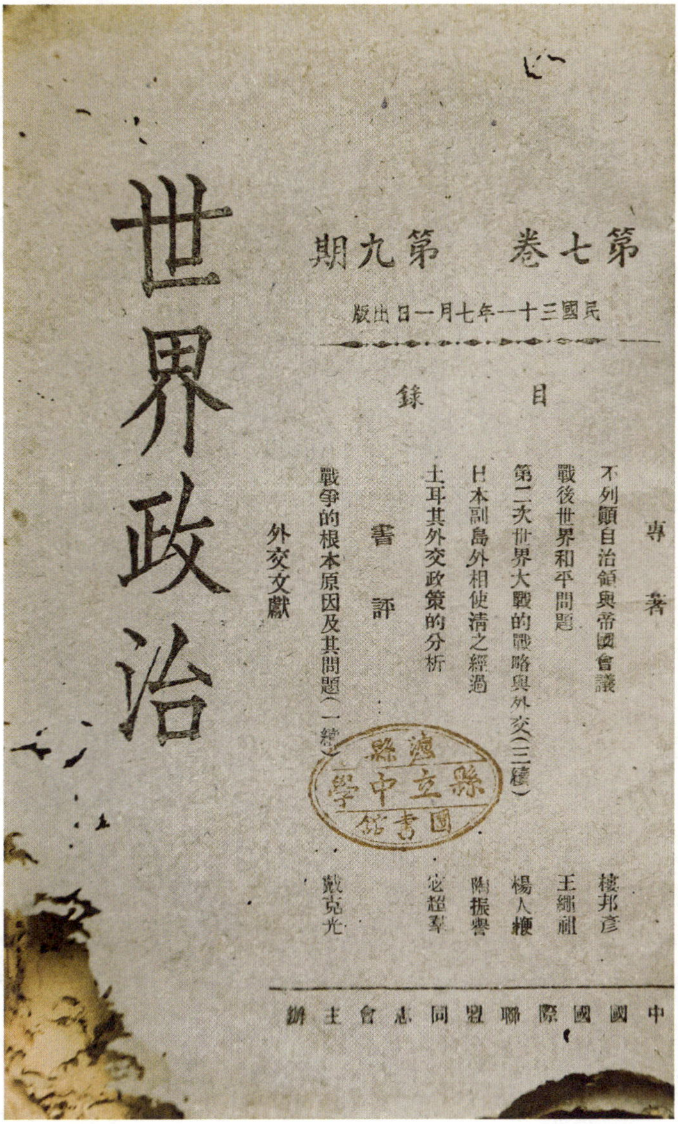

世界政治

第七卷　第九期

民國三十一年七月一日出版

目錄

專著

不列顛自治領與帝國會議　樓邦彥

戰後世界和平問題　王繩祖

第二次世界大戰的戰略與外交（三續）　楊人楩

日本副島外相使清之經過　陶振譽

土耳其外交政策的分析　宓超羣

書評

戰爭的根本原因及其問題（一續）　戴克光

外交文獻

中國國際聯盟同志會主辦

■ 世界政治

1937 年 1 月 15 日创刊
创刊地点：南京
编　　辑：中国国际联盟同志会
高　　度：26.5cm

《世界政治》1937年1月15日创刊于南京，属于政治类刊物，陈登皞、杨公达、王铁崖、张企泰等先后为主编。该刊初为月刊，后改为半月刊，之后又改为月刊，出版至南京沦陷时停刊。1938年6月1日第3卷1期起迁至汉口复刊。同年12月1日第3卷9期起迁至重庆出版。该刊登载了大量讨论和分析国际局势的文章，一方面对于研究当时的国际局势有一定的帮助，另一方面则有助于研究时人对国际局势的看法。馆藏1期。

世界知识

1934 年创刊
创刊地点：上海
编　　辑：毕雪程
高　　度：26cm

《世界知识》于1934年创刊于上海，属于新闻类刊物。该刊于日军侵略淞沪后迁汉口，后复迁广州，同年10月迁香港，1941年12月香港失陷停刊，1945年于上海复刊，1950年迁北京。初为半月刊，至1946年10月出版第14卷第7期后，为响应读者“期能迅速反映现实”的要求，改为周刊形式。本刊中所刊载的国际形势问题分析，对民国史研究具有一定程度的史料参考价值。馆藏57期（另藏47期中华人民共和国成立后出版杂志）。

中华法学杂志

1930 年 9 月 1 日创刊
创刊地点：南京
编　　辑：中华民国法学会
高　　度：26cm

《中华法学杂志》1930年9月1日创刊于南京，属于法学月刊。该刊初由世界学院和国立北平研究院发行，谢冠生、陈广澧和关吉符等人曾任主编，自1936年9月1日开始，改由中华民国法学会编辑出版。该刊以讨论法学方面的问题和报道法学界的消息为主要内容，刊载了大量有关民国法学界和法律的各种文字，反映了当时中国法学的发展情况，对于研究中国法学的发展有非常重要的意义。馆藏2期。

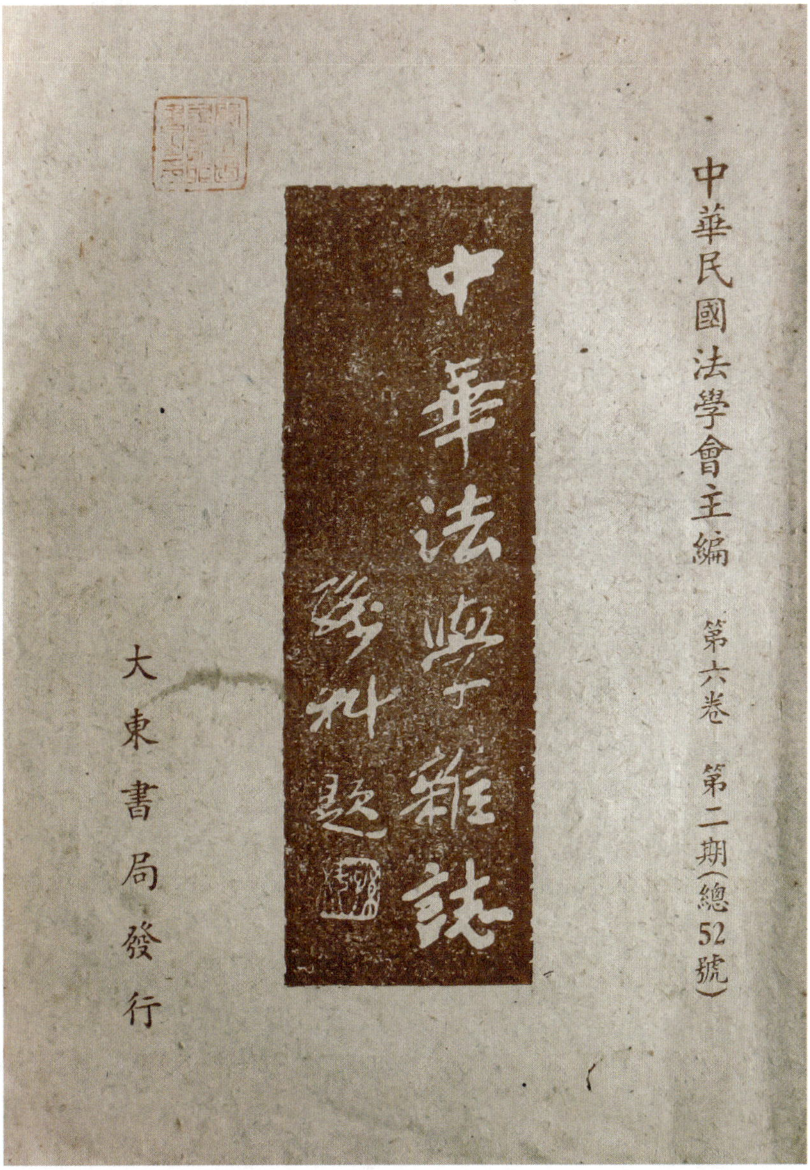

防空杂志

1935年9月创刊
创刊地点：南京
编　　辑：军事委员会防空委员会
高　　度：26cm

《防空杂志》1935年9月创刊于南京，为季刊，属于军事刊物。该刊以“推进国民文化，建设军事文化，领导防空运动”为使命，介绍各国空军实力，刊载了大量的防空论述，传播了防空知识，促进了民国时期全国各地防空组织的建立和完善，对民国防空建设具有重要意义。该刊对近代军事史的研究具有一定的参考价值。馆藏1期。

■ 中央银行月报

1932 年 8 月创刊
创刊地点：上海
编　　辑：中央银行经济研究处
高　　度：25cm

《中央银行月报》1932年8月创刊于上海，为月刊，属于经济类刊物。1941年太平洋战争爆发后停刊。1946年1月复刊，卷期另起，1949年5月上海解放时停刊。该刊主要研究国内外经济、世界贷借制度、银价上涨之原因等，也登载国内外经济要闻和各地金融市况，金融行情的各种统计表。馆藏7期。

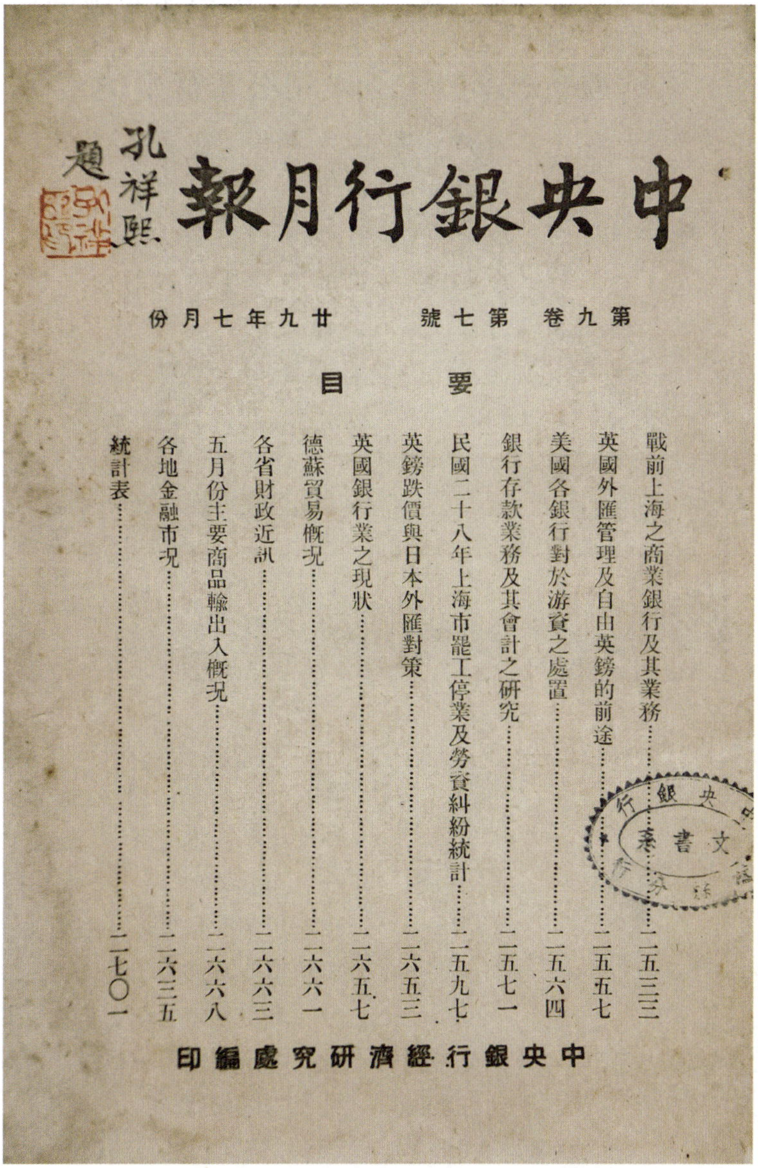
中央銀行月報

孔祥熙題

第九卷第七號　廿九年七月份

要目

戰前上海之商業銀行及其業務……二五三三
英國外匯管理及自由英鎊的前途……二五五七
美國各銀行對於游資之處置……二五六四
銀行存款業務及其會計之研究……二五七一
民國二十八年上海市罷工停業及勞資糾紛統計……二五九七
英鎊跌價與日本外匯對策……二六五三
英國銀行業之現狀……二六五七
德蘇貿易概況……二六六一
各省財政近訊……二六六三
五月份主要商品輸出入概況……二六六八
各地金融市況……二六三五
統計表……二七〇一

中央銀行經濟研究處編印

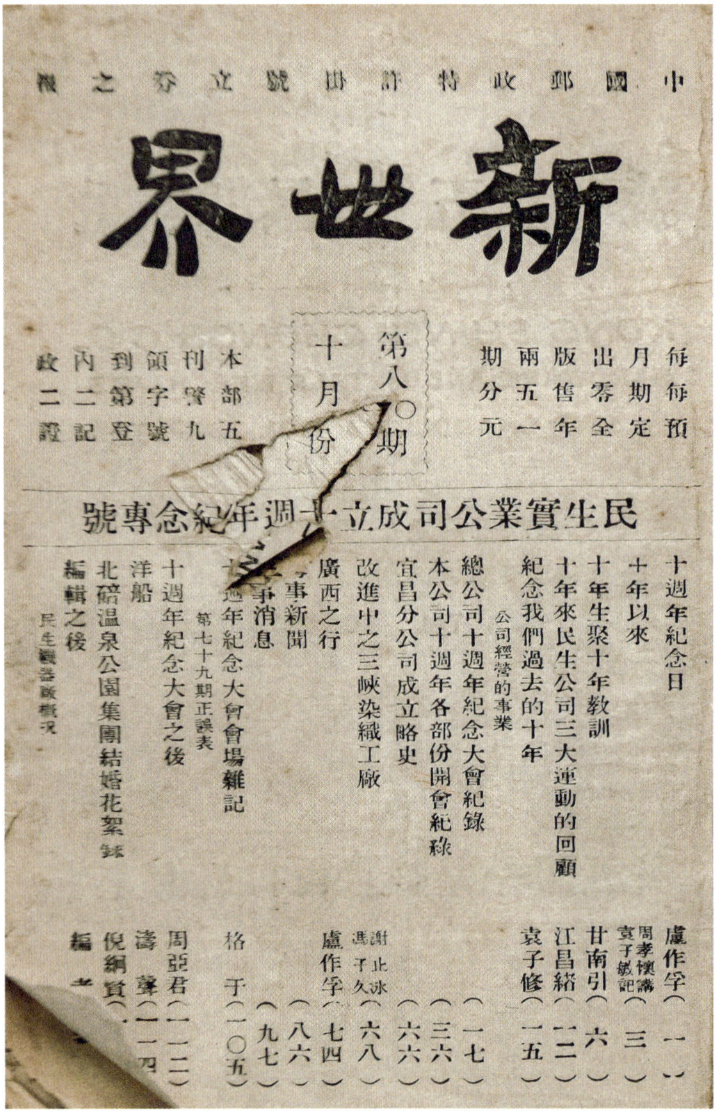

中國郵政特許掛號立券之報

新世界

每月出版兩期 每期零售五分 預定全年一元

第八〇期 十月份

本刊領到內政部警字第二二五九號登記證

民生實業公司成立十週年紀念專號

十週年紀念日　盧作孚（一）
十年以來　周孝懷講 袁子敏記（三）
十年生聚十年教訓　甘南引（六）
十年來民生公司三大運動的回顧　江昌緒（一二）
紀念我們過去的十年　袁子修（一五）
公司經營的事業
總公司十週年紀念大會紀錄（一七）
本公司十週年各部份開會紀錄（三六）
宜昌分公司成立略史（六六）
改進中之三峽染織工廠　謝止冰 馮子久（六八）
廣西之行　盧作孚（七四）
事新聞（八六）
事消息（九七）
十週年紀念大會會場雜記　格于（一〇五）
第七十九期正誤表
十週年紀念大會之後　周弦君（一一二）
洋船　濤聲（一一四）
北碚溫泉公園集團結婚花絮錄　倪綱賢
編輯之後　編者
民生機器廠概況

新世界

1932 年 7 月 12 日创刊
创刊地点：重庆
编　　辑：新世界月刊社
高　　度：29cm

《新世界》1932年7月12日在重庆创刊，属于经济刊物。初为半月刊，后改为月刊，发行了149期。1939年因为敌机轰炸、印刷困难而停刊，又于1944年复刊发行，至1947年停刊。本刊以报道新世界和新中国的新事业、新发明、新运动以及成功事业与人物为己任。本刊的重要影响力一直受到学者们的重视，对其有于全方位、多角度地研究战时经济具有重要参考价值。馆藏108期。

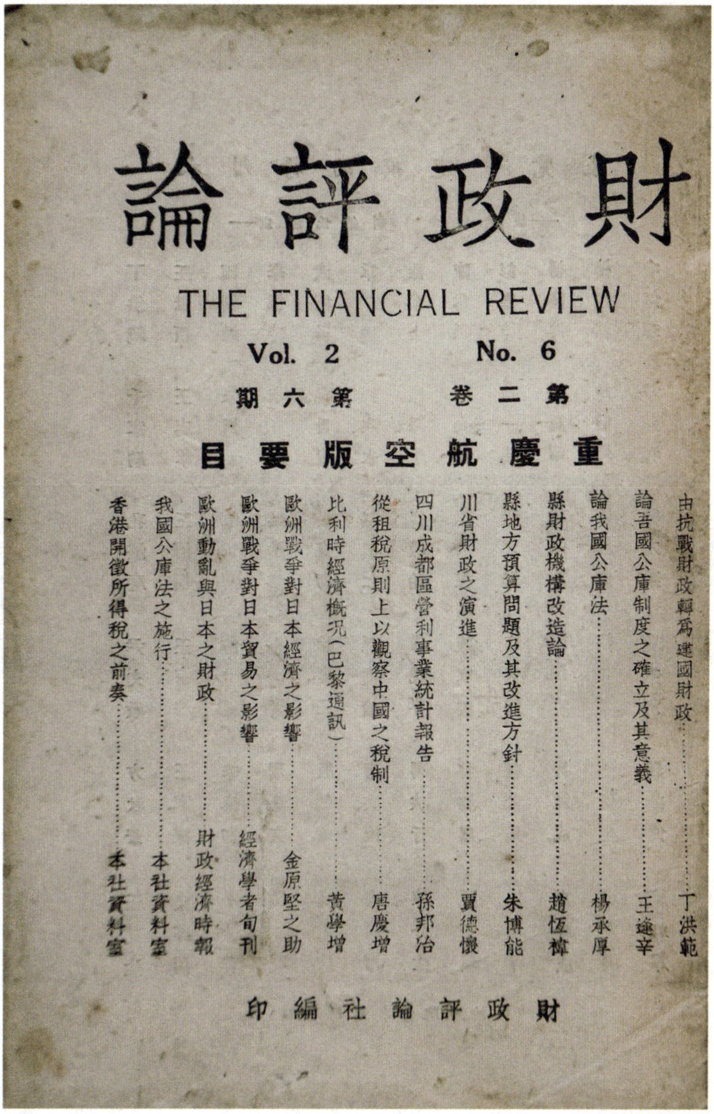
財政評論

THE FINANCIAL REVIEW

Vol. 2 No. 6

第二卷 第六期

重慶航空版要目

由抗戰財政轉爲建國財政……丁洪範
論吾國公庫制度之確立及其意義……王逢辛
論我國公庫法……楊承厚
縣財政機構改造論……趙恆楨
縣地方預算問題及其改進方針……朱博能
川省財政之演進……賈德懷
四川成都區營利事業統計報告……孫邦治
從租稅原則上以觀察中國之稅制……唐慶增
比利時經濟概況（巴黎通訊）……黃學增
歐洲戰爭對日本經濟之影響……金原堅之助
歐洲戰爭對日本貿易之影響……經濟學者旬刊
歐洲動亂與日本之財政……財政經濟時報
我國公庫法之施行……本社資料室
香港開徵所得稅之前奏……本社資料室

財政評論社編印

财政评论

1939 年 1 月创刊
创刊地点：香港
编　　辑：财政评论社
高　　度：25cm

《财政评论》1939年1月在香港创刊，1942年因英日开战香港沦陷迁往重庆，1946年1月抗战胜利后又迁至上海，1948年9月第19卷第3期停刊，共出110期，属于财经类月刊。该刊主要探讨财政、经济及金融原理，论述中国战时财政政策、外汇管理、法币的前途等问题，是民国时期一份以财政金融为主要研究内容的专业性权威刊物，为中国经济理论界探讨中国的财政经济问题、传播与借鉴国外的经济理论，尤其是财税理论提供了一个重要的平台。馆藏14期。

中外经济拔萃

1937年1月创刊
创刊地点：上海
编　　辑：中国国民经济研究所
高　　度：26cm

《中外经济拔萃》1937年1月创刊于上海，属于经济类月刊。该刊主要讨论近代中国的经济问题，旨在“搜罗中外杂志报章数百余种之经济论文，择其较有意义者，慎加选抉，去其芜杂，存其菁花”，是民国时期国内外经济问题的资料汇编。该刊既涉及抗战时期区域经济问题研究，又以各个专题形式报道国内外的具体经济问题，所选资料丰富翔实，有助于民国经济史的研究。抗战时期曾在重庆、贵阳、昆明等处设置订购处。馆藏7期。

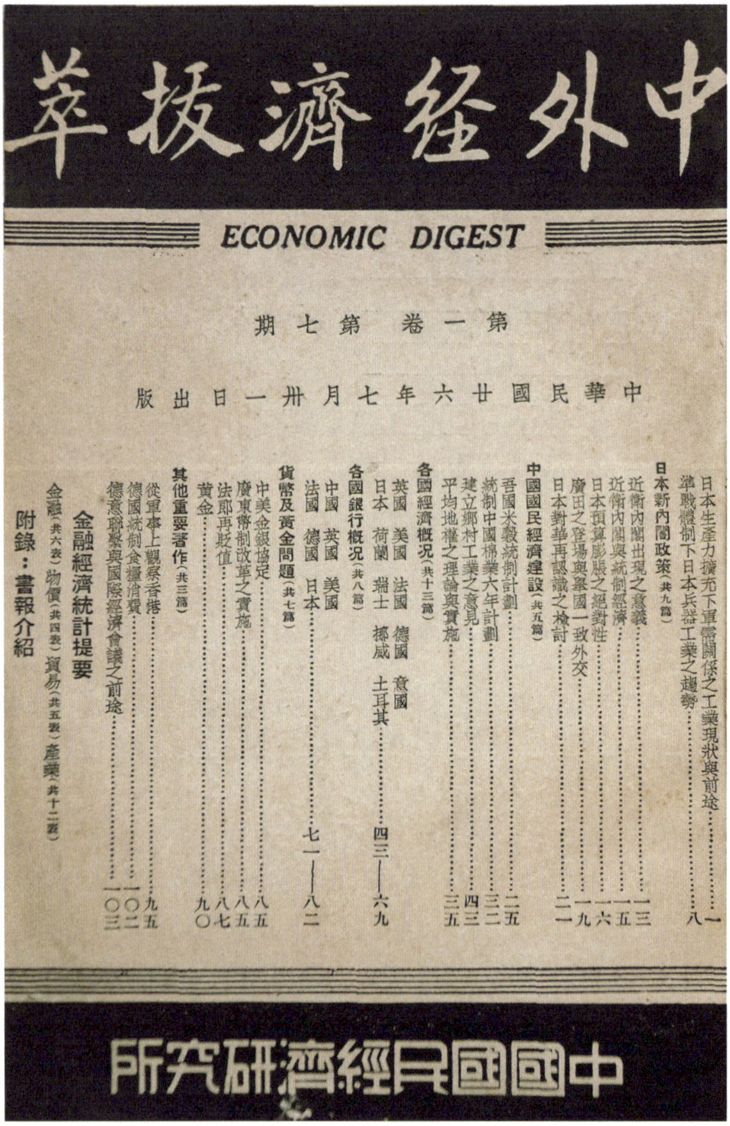
中外經濟拔萃
ECONOMIC DIGEST
第一卷第七期
中華民國廿六年七月卅一日出版

中國國民經濟研究所

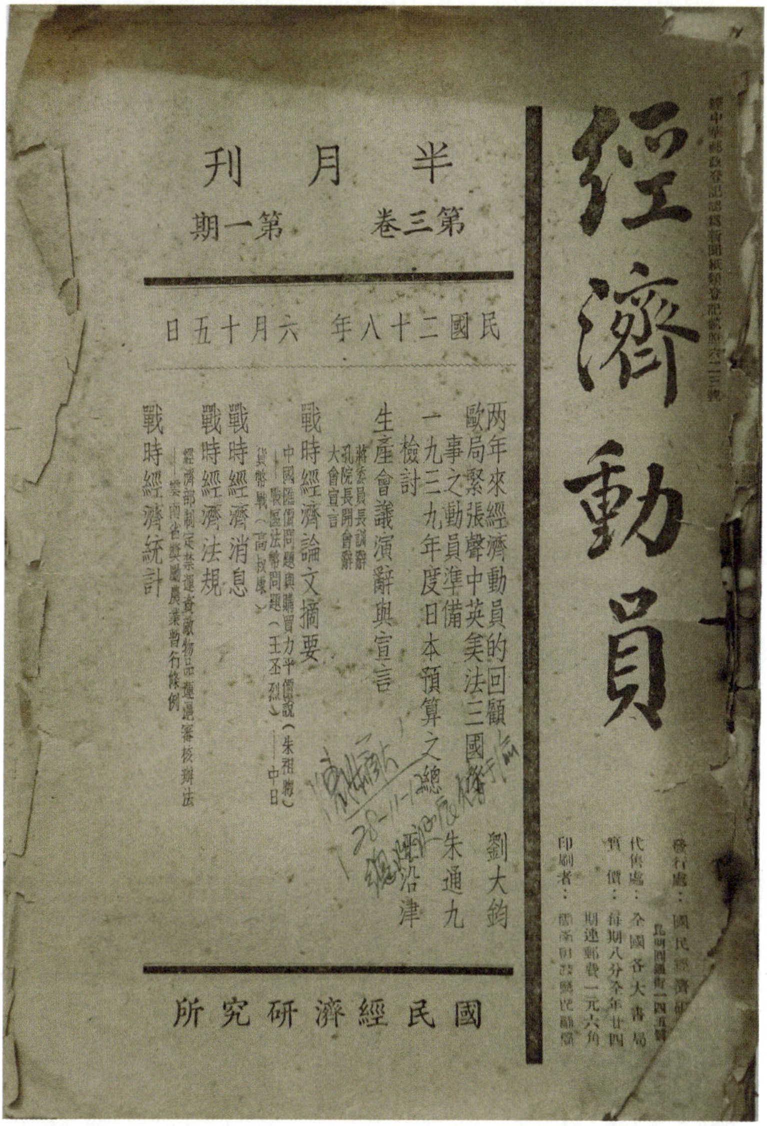

经济动员

1938 年 6 月创刊
创刊地点：重庆
编　　辑：国民经济研究所
高　　度：25cm

《经济动员》1938年6月在重庆创刊，初为半月刊，第4卷起改为月刊，为经济类刊物。1939年第3卷第5期起迁至昆明出版，1940年12月停刊，共出4卷。其主要目的在使国人明了动员之需要，积极开发后方之产业，以增强我国之经济力量，从而加强抗战力量。馆藏6期。

■ 经济汇报

1939 年创刊
创刊地点：重庆
编　　辑：中央银行经济研究处
高　　度：24.7cm

《经济汇报》1939年创刊于重庆，属于经济月刊。该刊主要刊登国内外经济消息，汇报各行业经济状况，也登载有关财政金融方面的论著，中央银行各分行处金融市况报告，国外战时预算分析，战时金融法规辑要，进出口货物、物价指数、各国中央银行贴现率统计资料等。该刊物有助于学者研究这一时期国民政府特别是其银行系统在经济理论建设、发展国民经济的施策，及经济政策的检讨等问题。馆藏2期。

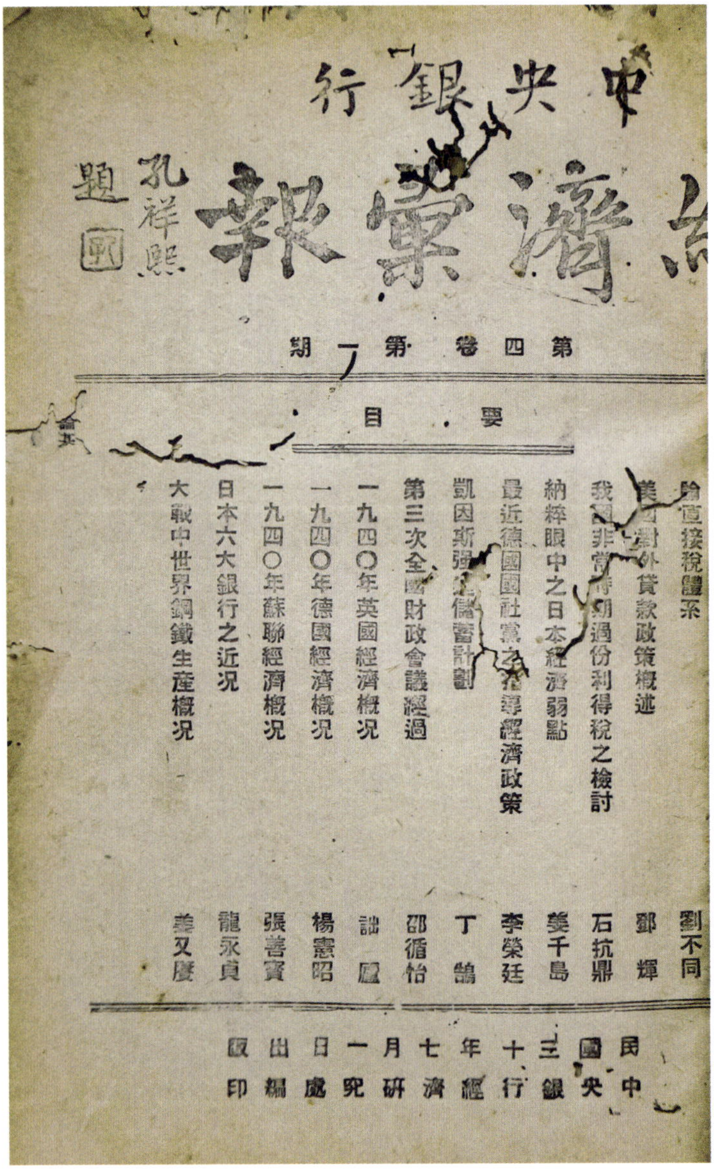
中央銀行

經濟彙報

孔祥熙題

第四卷第一期

要目

論直接稅體系	劉不同
美國對外貸款政策概述	鄧輝
我國非常時期過份利得稅之檢討	石抗鼎
納粹眼中之日本經濟弱點	姜千島
最近德國國社黨之指導經濟政策	李榮廷
凱因斯戰時儲蓄計劃	丁鵠
第三次全國財政會議經過	邵循怡
一九四〇年英國經濟概況	誠廬
一九四〇年德國經濟概況	楊憲昭
一九四〇年蘇聯經濟概況	張善實
日本六大銀行之近況	龍永貞
大戰中世界鋼鐵生產概況	姜叉慶

民國三十年七月一日出版
中央銀行經濟研究處編印

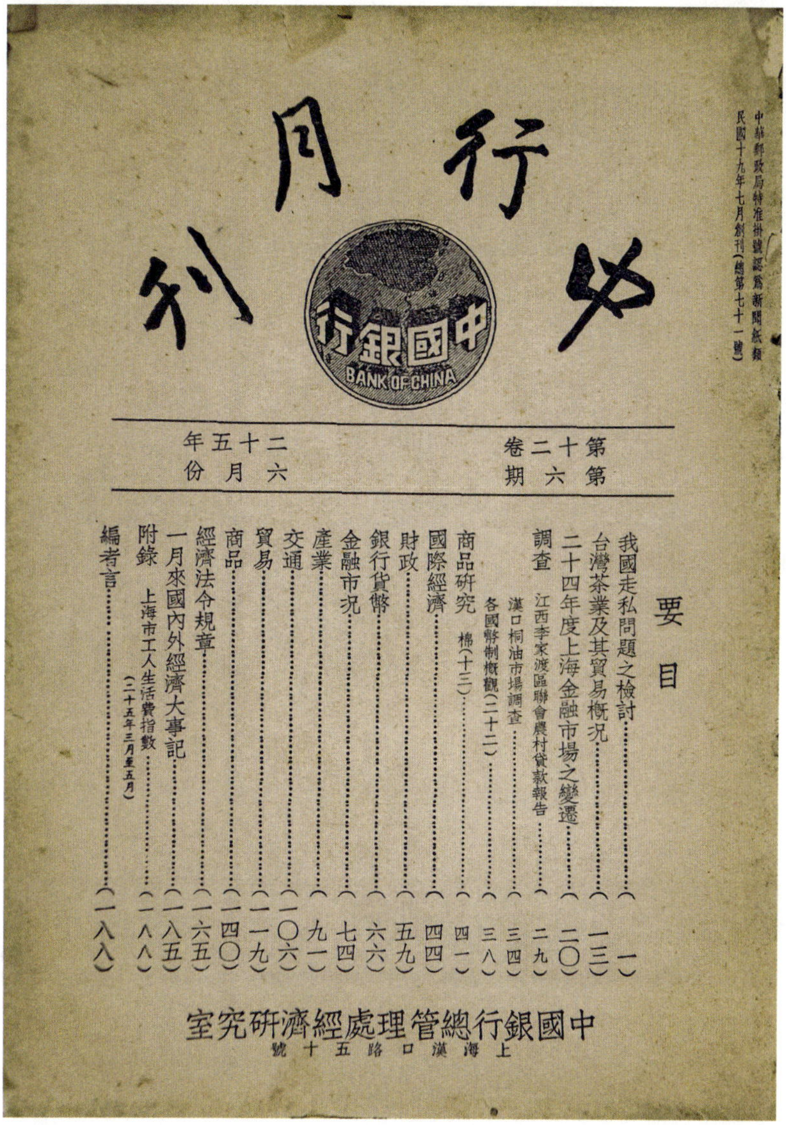

中行月刊

1930 年 7 月创刊
创刊地点：上海
编　　辑：中国银行总管理处经济研究室
高　　度：25cm

《中行月刊》1930年7月创刊于上海，1938年2月停刊，经济类月刊。该刊是中国银行发行的银行业行刊，前身是1905年1月发行的《业务会计通信录》，后改名为《中国银行通信录》，后因时局纷扰，遂于1921年12月停刊，1930年7月更名为《中行月刊》继续发行。该刊不仅是中国银行的行业刊物，也是全国性的金融刊物，其对国内外金融行情、经济概况的专业分析和详细记载，对于近代经济史的研究具有重要的史料价值。馆藏3期。

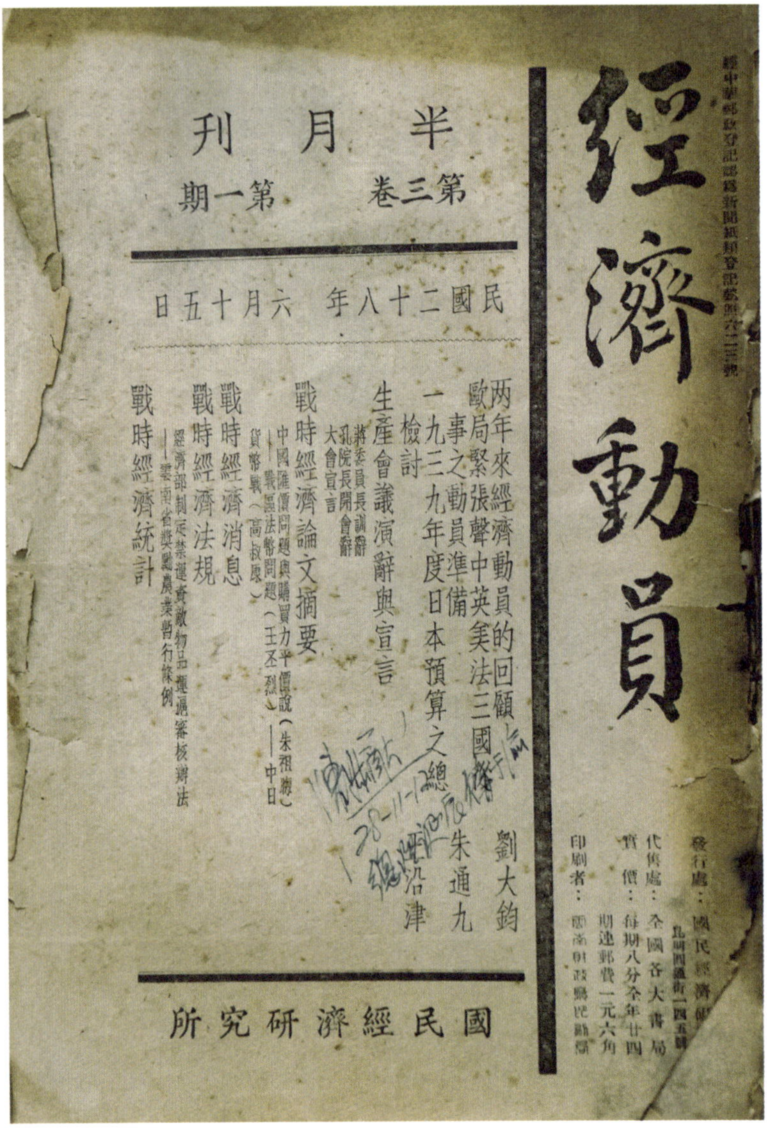
經濟動員

半月刊

第三卷第一期

民國二十八年六月十五日

两年來經濟動員的回顧　劉大鈞

歐局緊張聲中英美法三國之動員準備　朱通九

一九三九年度日本預算之總檢討

生產會議演辭與宣言

蔣委員長訓辭　孔院長開會辭　大會宣言

戰時經濟論文摘要

中國匯價問題與購買力平價說（朱祖晦）——中日貨幣戰（高叔康）——戰區法幣問題（王丕烈）

戰時經濟消息

戰時經濟法規

經濟部制定禁運資敵物品運滬審核辦法——雲南省獎勵農業暫行條例

戰時經濟統計

發行處：國民經濟研究所

代售處：全國各大書局

實價：每期八分全年廿四期連郵費一元六角

國民經濟研究所

金融知识

1942 年 1 月 1 日创刊
创刊地点：重庆
编　　辑：邮政储金汇业局
高　　度：25cm

《金融知识》1942年1月1日创刊于重庆，初为双月刊，1945年7月第4卷起改为季刊，属经济类刊物，是一份发行于抗战时期的重要金融刊物。以“金融知识”命名，是编者出于综合理论与事实、通俗与高深为一体的目的。其发行对于民众了解学习金融知识起到了一定的作用，是研究中国金融发展史的重要文献。馆藏2期。

四川经济月刊

1934 年 1 月创刊
创刊地点：重庆
编　　辑：四川省银行经济调查室
高　　度：25.4cm

《四川经济月刊》1934年1月创刊于重庆，属于经济类月刊。1939年8月停刊，后于1943年12月复刊，改名为《四川经济季刊》，1948年改为《四川经济汇报》，卷期另起。该刊记载了大量有关四川地区经济的资料，为研究这一时期四川经济发展状况提供了重要的依据参照，同时对研究四川地方银行的相关情况具有一定参考价值。馆藏2期。

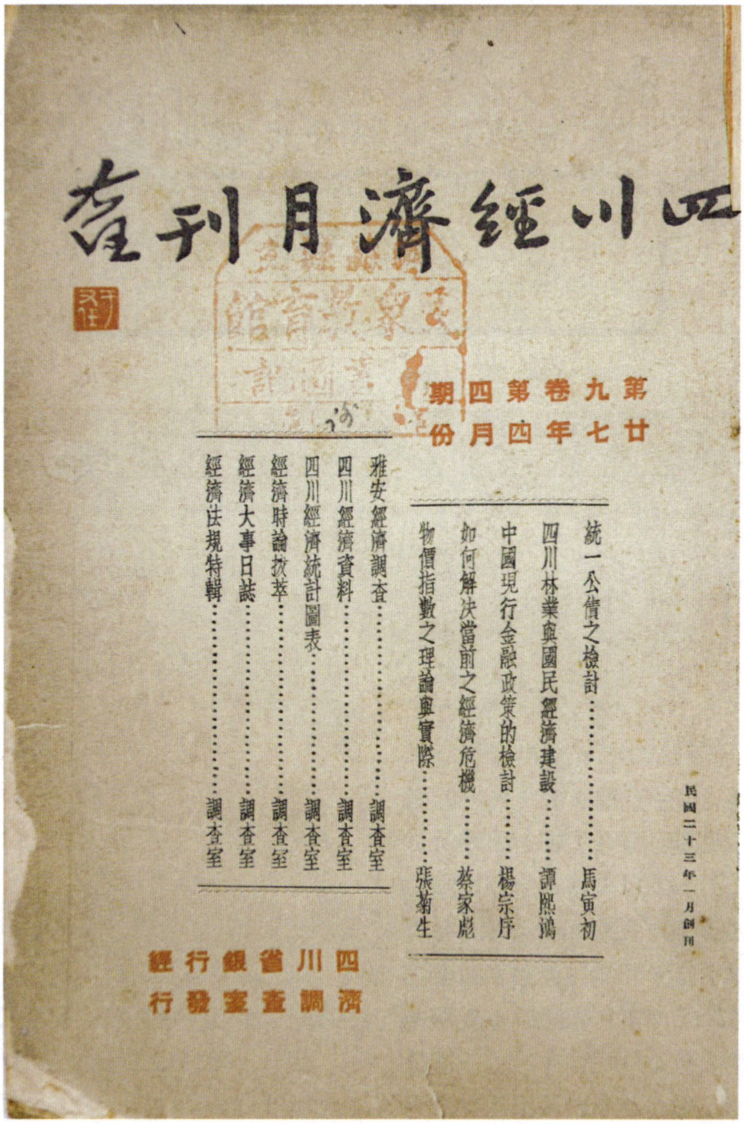

会计杂志

1933 年创刊
创刊地点：上海
编　　辑：徐永祚会计师事务所
高　　度：21.5cm

《会计杂志》1933年在上海创刊，为月刊，属于会计专业刊物，该刊是民国时期的重要刊物之一，旨在改良中国固有会计制度，既积极介绍国内改良传统簿记的理论与方法，又引进了西方先进的会计思想。在20世纪的中式簿记改良运动中，《会计杂志》成为主要的宣传阵地，为当时中国会计学的发展注入了鲜活的力量，深受会计界的欢迎，对于推动民国会计行业的建设和改良中国的会计事业起到了重要作用。馆藏7期。

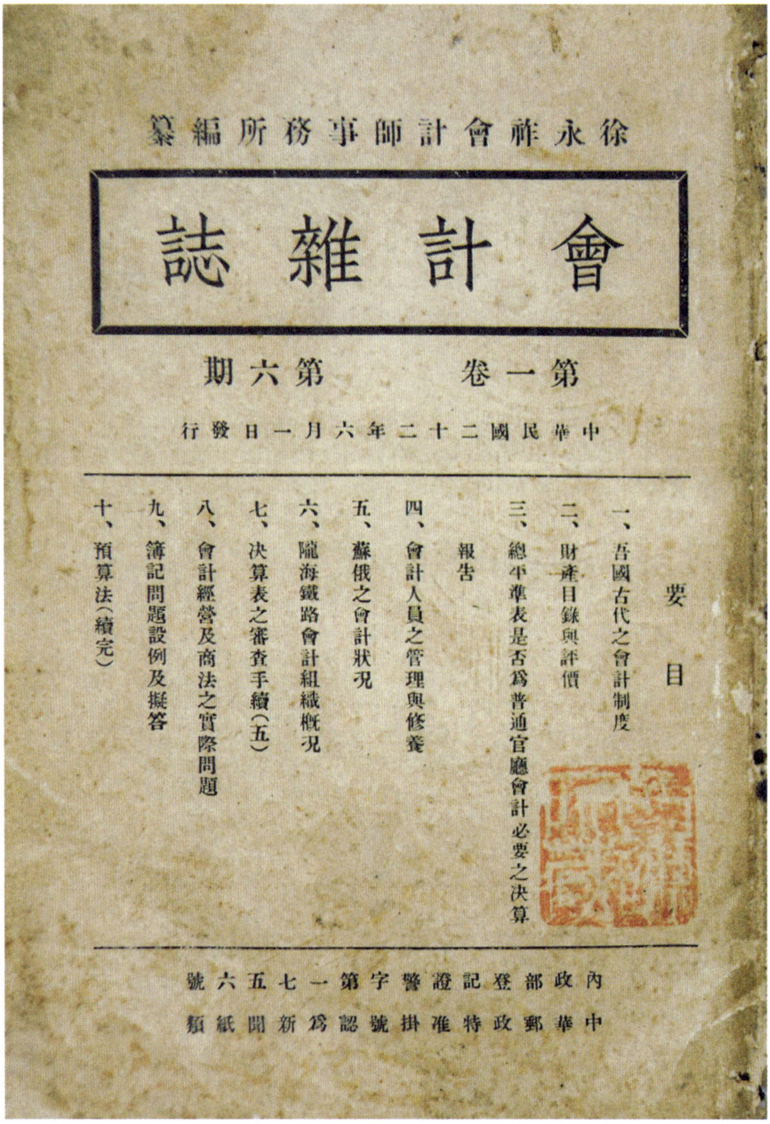

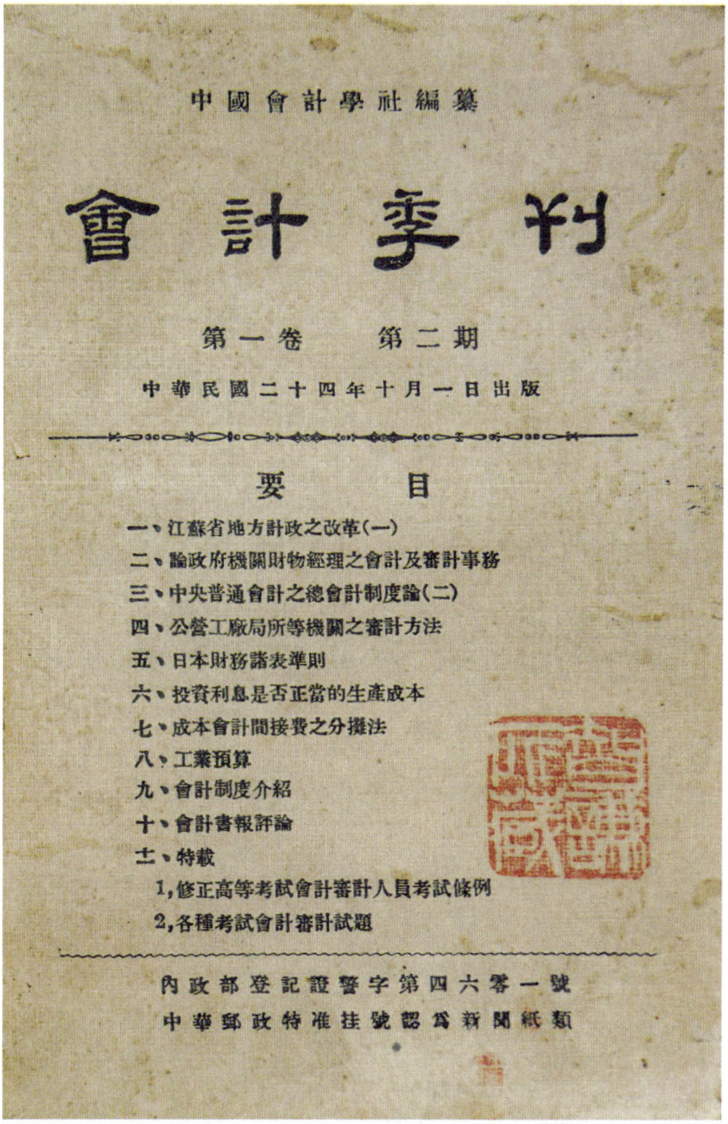

中國會計學社編纂

會計季刊

第一卷　第二期

中華民國二十四年十月一日出版

要目

一、江蘇省地方計政之改革(一)

二、論政府機關財物經理之會計及審計事務

三、中央普通會計之總會計制度論(二)

四、公營工廠局所等機關之審計方法

五、日本財務諸表準則

六、投資利息是否正當的生產成本

七、成本會計間接費之分攤法

八、工業預算

九、會計制度介紹

十、會計書報評論

十一、特載

1,修正高等考試會計審計人員考試條例

2,各種考試會計審計試題

內政部登記證警字第四六零一號

中華郵政特准挂號認爲新聞紙類

■ 会计季刊

1935 年 7 月 1 日创刊
创刊地点：南京
编　　辑：中国会计学会
高　　度：21cm

《会计季刊》1935年7月1日在南京创刊，吴秉常任主编，1937年7月停刊，共发行9期，属于会计专业季刊。该刊主要研究会计事务、商业和法律方面的问题，以“研究会计学术，改进会计事务，砥砺会计人格”为宗旨，介绍中国会计学社概况，论述中国会计制度及有关地方政府财务管理制度的建设等问题。作为会计专业报刊，它不仅对国内各行各业的会计制度做具体的研究，也十分关注国外的会计制度发展，是民国时期有重大影响的专业报刊之一。馆藏14期。

■ 立信会计季刊

1933 年 7 月创刊
创刊地点：上海
编　　辑：立信会计师事务所
高　　度：21.5cm

《立信会计季刊》1933年7月创刊于上海，为季刊。本刊继承自《会计月刊》，第1卷1至4期由立信会计学校同学会组织编辑发行，自第2卷第1期起，由潘序伦等人自行主持编辑，成为上海立信会计学校出版的会计专业类刊物。该刊中大量关于会计学的文章论说，对于中国近代会计学学科史的研究具有非常重要的史料参考价值，同时也是研究民国兴办的专科类高等学校的重要资料。馆藏11期。

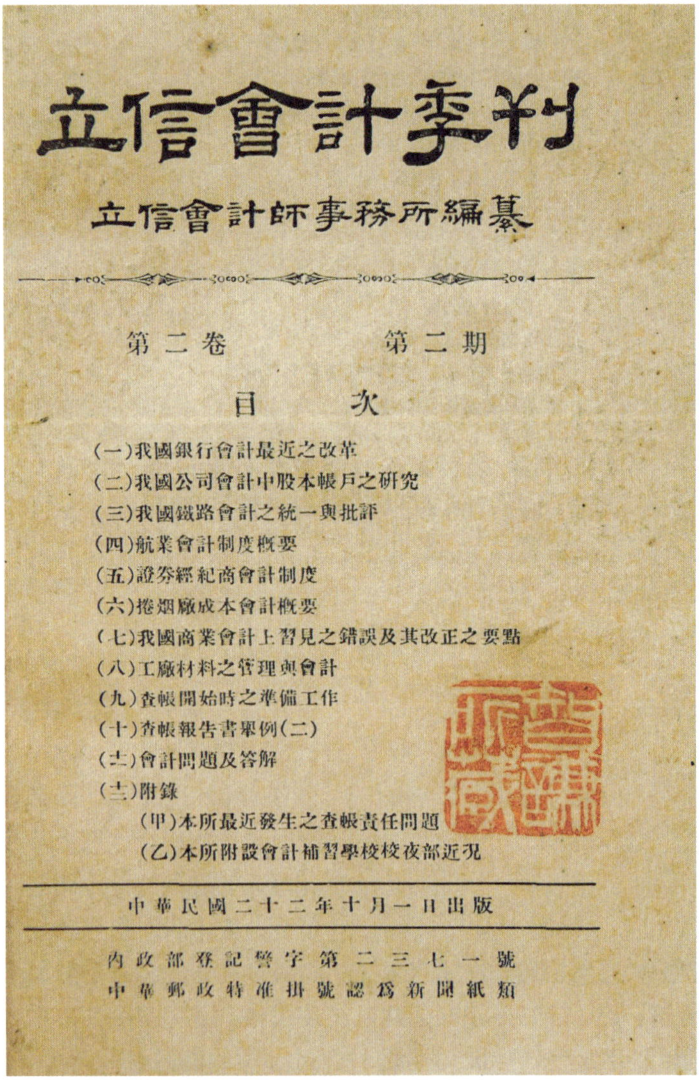
立信會計季刊

立信會計師事務所編纂

第二卷　　第二期

目　次

(一)我國銀行會計最近之改革
(二)我國公司會計中股本帳戶之研究
(三)我國鐵路會計之統一與批評
(四)航業會計制度概要
(五)證券經紀商會計制度
(六)捲烟廠成本會計概要
(七)我國商業會計上習見之錯誤及其改正之要點
(八)工廠材料之管理與會計
(九)查帳開始時之準備工作
(十)查帳報告書舉例(二)
(十一)會計問題及答解
(十二)附錄
(甲)本所最近發生之查帳責任問題
(乙)本所附設會計補習學校校夜部近況

中華民國二十二年十月一日出版

內政部登記警字第二三七一號
中華郵政特准掛號認為新聞紙類

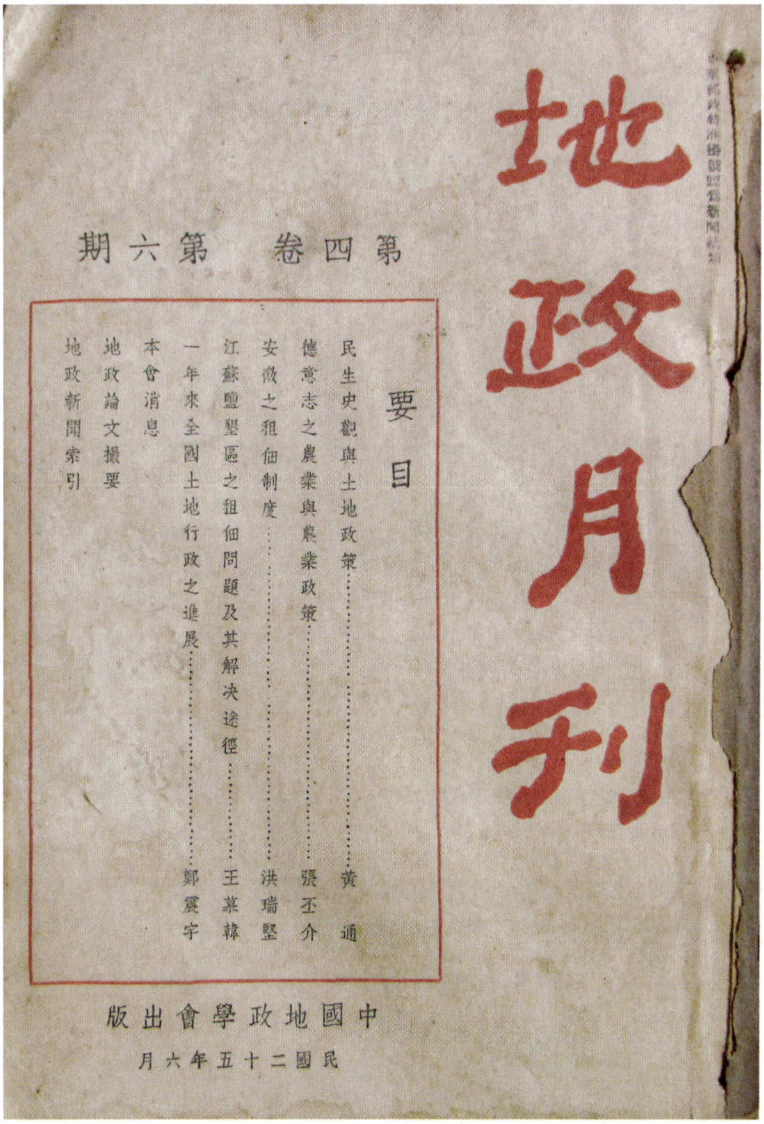

地政月刊

1933 年 1 月 25 日创刊
创刊地点：南京
编　　辑：中国地政学会
高　　度：21cm

《地政月刊》1933年1月25日创刊于南京，1937年3月停刊，共出5卷51期，属于学术类月刊。所载内容以土地问题为主，兼及农村问题之与地政有密切关系者。该刊的发行，起到了上下沟通、信息传播的作用，对于近代以来推动土地学术问题的讨论做出了巨大的贡献。此外，该刊也为后人了解民国时期的地政提供了资料。馆藏14期。

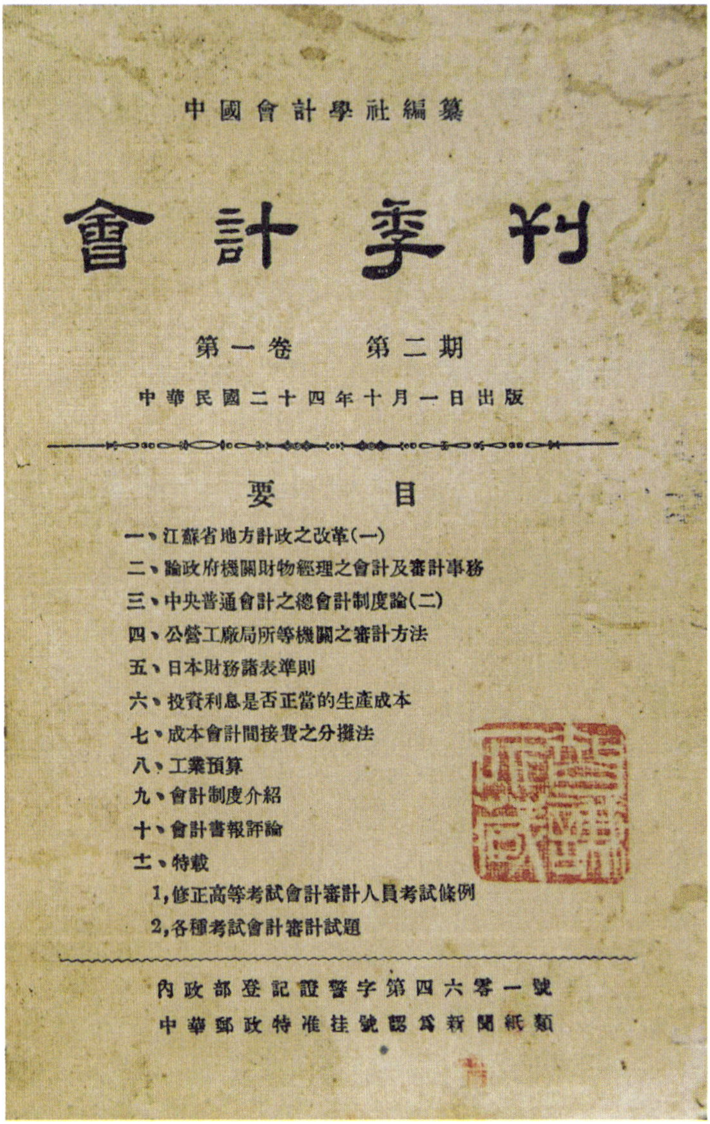
中國會計學社編纂

會計季刊

第一卷　第二期

中華民國二十四年十月一日出版

要目

一、江蘇省地方計政之改革(一)
二、論政府機關財物經理之會計及審計事務
三、中央普通會計之總會計制度論(二)
四、公營工廠局所等機關之審計方法
五、日本財務諸表準則
六、投資利息是否正當的生產成本
七、成本會計間接費之分攤法
八、工業預算
九、會計制度介紹
十、會計書報評論
十一、特載
1,修正高等考試會計審計人員考試條例
2,各種考試會計審計試題

內政部登記證警字第四六零一號
中華郵政特准掛號認爲新聞紙類

文化建设

1934 年 10 月创刊
创刊地点：上海
编　　辑：文化建设月刊社
高　　度：25.6cm

《文化建设》1934年10月创刊于上海，属于综合类月刊，1937年7月因抗战而停刊，共出版34期。该刊登载了大量讨论中国文化发展前途、命运，解决地方社会问题的文章，为读者了解民国时期文化界关于中国文化前景的讨论提供了重要的参考资料，同时有助于研究民国时期中国文化界关于中国文化与地方政治的关系，颇具研究价值。馆藏3期。

研究与批判

1935 年 4 月创刊
创刊地点：上海
编　　辑：张凡夫等
高　　度：22cm

《研究与批判》1935年4月创刊于上海，为月刊，1937年1月第2卷第7期停刊，共出2卷计17期。该刊为“理论的”和“综合的”文化杂志，主张批判研究，内容丰富，知识性强，对于提高民众的文化水平大有裨益。而所刊载的哲学类文章，虽受到了马克思主义者的批评，但是客观上却为普及哲学知识，促进我国哲学的发展，起到了积极的作用。同时，该刊也为我们研究30年代的哲学论战及社会思潮提供了丰富的文献资料，具有极高的历史价值。馆藏1期。

少年

1911 年 3 月创刊
创刊地点：上海
编　　辑：少年杂志社
高　　度：18cm

《少年》1911年3月创刊于上海，属于青少年类月刊，是当时唯一一本青年类杂志。刊物早年是由孙毓修任编辑，其后则改由殷佩斯、朱天民等人担任。该刊首版版式设计极为有趣，中部配有色彩鲜艳、搭配均匀的图案，反映了青少年昂扬向上的生机与活力，颇能引发读者的阅读兴趣。《少年》发行时间上较为连续，能够接续清末和民国两个时期，是反映近代中国少年史的重要参考资料，也为研究者分析近代以来社会对青少年的知识和常识素养的期待提供了相当丰富的史料。馆藏16期。

■ 勤奋体育月报

1933 年创刊
创刊地点：上海
编　　辑：上海勤奋体育月报社
高　　度：26cm

《勤奋体育月报》1933年在上海创刊，1937年7月停刊，共发行45期，属于体育月刊。该刊以提倡体育运动、锻炼国人体魄、发扬民族团结精神为主旨。虽然存在的时间并不长，但由于其撰稿人大多数为体育界的知名人士，刊物内容广泛生动，因而影响较大。其发行范围不仅仅局限于国内，更远至欧美和日本。该刊中的图文信息已成为后人研究我国当时体育事业重要的一手资料。馆藏3期。

■ 自修大学

1937 年 1 月创刊
创刊地点：上海
编　　辑：上海自修大学社
高　　度：23.8cm

《自修大学》1937年1月创刊于上海，为双周刊，包括特刊共计出刊26期。由上海自修大学社负责编辑出版与发行工作，李平新担任总编一职，张鸿飞为该刊总发行人，上海杂志有限公司负责该刊物的出版与销售工作。该刊物的出现，对于研究全面抗日战争爆发前夕中国知识分子及青年学生群体的心态变化提供了大量的研究材料和个案。馆藏11期。

■ 留美学生季报

1914 年 3 月创刊
创刊地点：上海
编　　辑：留美中国学生会
高　　度：22.5cm

《留美学生季报》1914年3月在上海创刊，前身是1911年创办的《留美学生年报》，改名后卷期另起。于1928年6月停刊。该刊属于留学生刊物，是了解留美学界对国内外问题的看法及西方学术文化的重要窗口，在引进西方先进的科学文化、进行中外文化交流、解决中国实际社会问题等方面，起到了很大作用。馆藏1期。

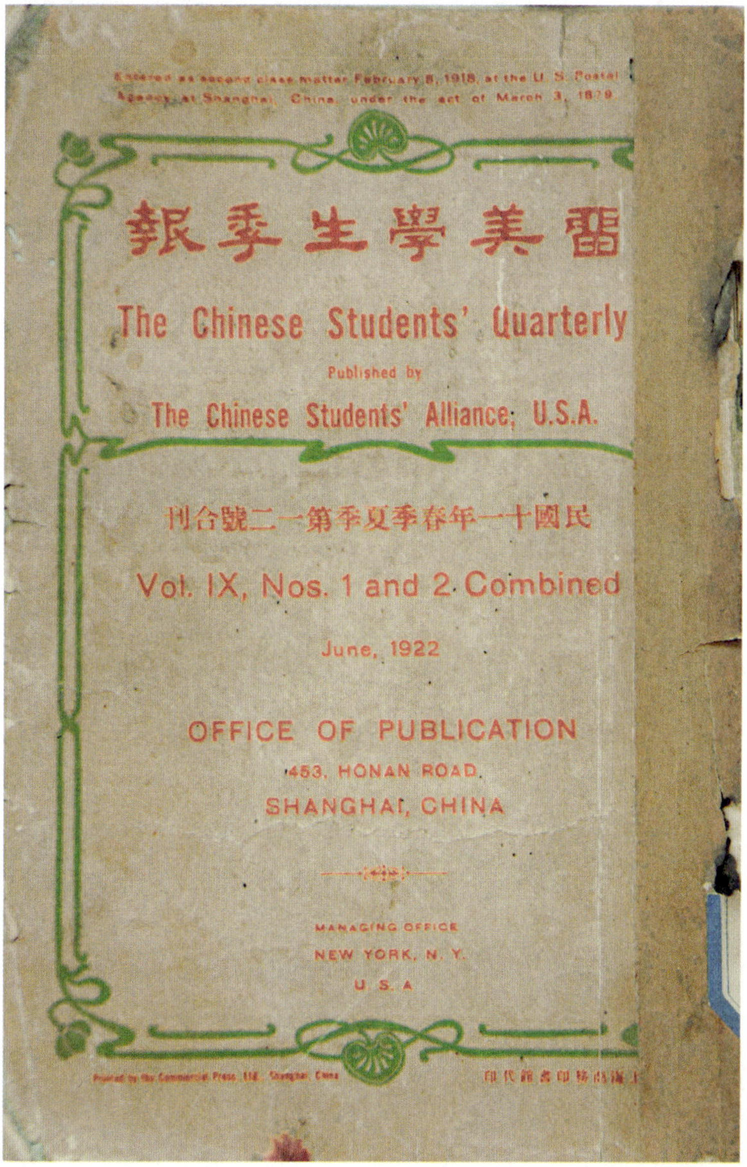

■ 中学生文艺月刊

1934 年 3 月 10 日创刊
创刊地点：上海
编　　辑：中学生文艺月刊社
高　　度：20.7cm

《中学生文艺月刊》1934年3月10日创刊于上海。该刊以中学生为对象，既为他们提供了发表自己作品的机会，也有助于他们写作能力的提升，是一本难得的为中学生服务的刊物。因此该刊一方面有助于研究当时的文学艺术和文学刊物，另一方面也对研究中学生群体有一定的帮助。馆藏1期。

国文月刊

1940 年 6 月 16 日创刊
创刊地点：桂林
编　　辑：国文月刊社
高　　度：25.3cm

《国文月刊》1940年6月16日创刊于广西桂林，第41期至44期迁至重庆，45期以后迁至上海，1949年8月停刊，共82期，浦江清、叶圣陶、朱自清等人担任编辑。该刊旨在促进战时国文教学和青年人国文程度的进步，补充青年学子自修国文的材料。该刊不仅是西南联大师范学院文学教育的舞台，同时其研究和创作并重的理念也是造就一批杰出文学家的驱动力，从出版伊始就受到联大师生和社会的欢迎，在国文教学方面起了积极作用。而历时9年，也可谓是在抗战和解放战争时期出版史上的一个奇迹，对于当代研究语文教学问题也具有非常重要的参考价值。馆藏2期。

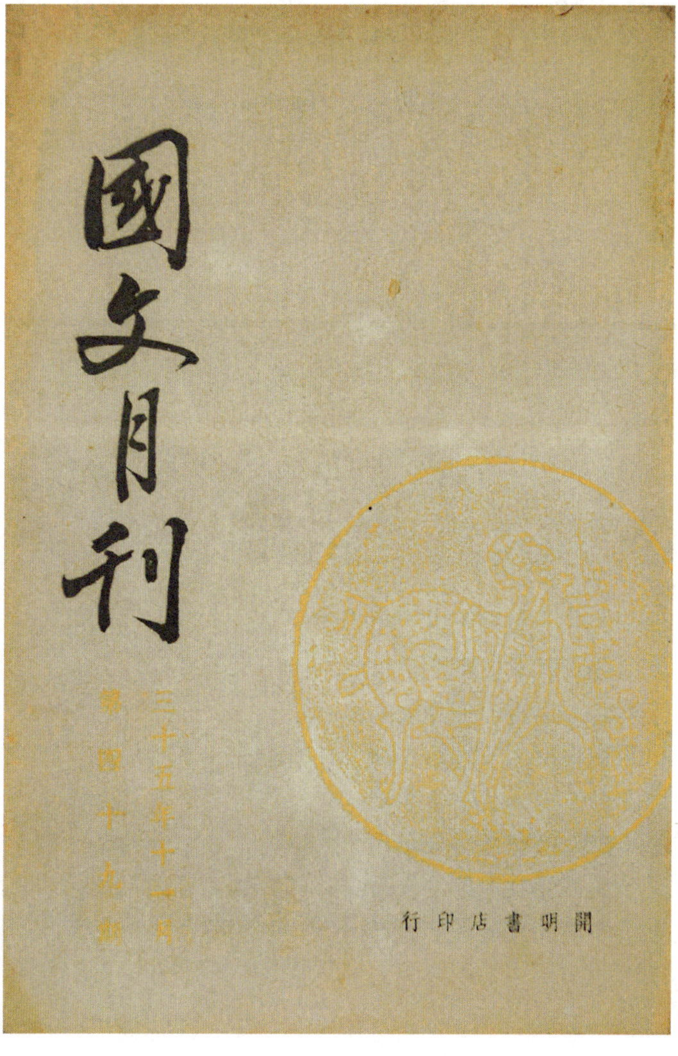

学生杂志

1914 年 7 月创刊
创刊地点：上海
编　　辑：学生杂志社
高　　度：26cm

《学生杂志》1914年7月创刊于上海，属于学生类月刊，是上海商务印书馆创办的十大杂志之一。1947年8月终刊，其间因日军侵华造成两次停刊。很多稿件是在校学生的投稿，是以供给中学生课外知识为主的刊物。该刊断断续续存在了三十余年，在当时的中学生群体中产生了广泛而深远的影响。它培养了无数青少年写作的习惯和爱好，对研究那个时代的学生及中学教育具有重要的价值。馆藏22期。

中国学生

1924 年创刊
创刊地点：上海
编　　辑：中华民国学生联合总会
高　　度：25.3cm

《中国学生》1924年创刊于上海，初为半月刊，发行五期后因帝国主义和国民政府的压迫停刊。1925年5月26日复刊，期数另起，初为半月刊，8月1日改为周刊，属于学生刊物。该刊宗旨是发表关于学生各项运动的文章，引起各地同学研究讨论为目的；宣传帝国主义压迫中国人民之各种罪状，并讨论反帝国主义运动之理论与实施；刊发各地学生会的活动消息及总会的重要通告，使各地加深对于该会工作的了解。该刊是研究近代中国学生运动和学生思想的重要刊物，具有重要的史料价值。馆藏14期。

少年中国

1919年7月15日创刊
创刊地点：北京
编　　辑：少年中国学会
高　　度：24.4cm

《少年中国》1919年7月15日创刊于北京，1924年5月停刊，为月刊，共出4卷，属于少年中国学会的会刊。该刊在五四时期宣传新文化思潮方面具有重要地位，与五四时期著名刊物《新青年》《新潮》杂志鼎足而三。该刊前期是宣传新文化的进步刊物，是20世纪20年代中国具有影响力的革命杂志。1921年后学会成员发生分化，分化为社会主义、国家主义、无政府主义等。该刊对于研究五四运动时期思想文化的发展状况提供了重要的参考资料，具有重要的史料研究价值。馆藏10期。

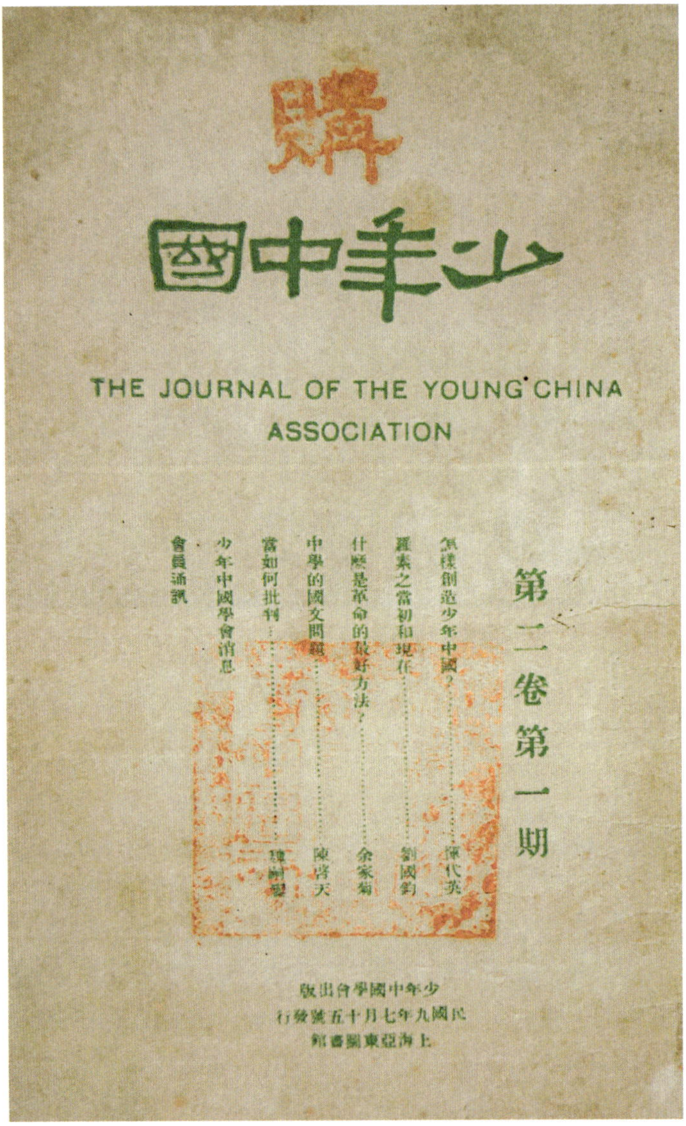

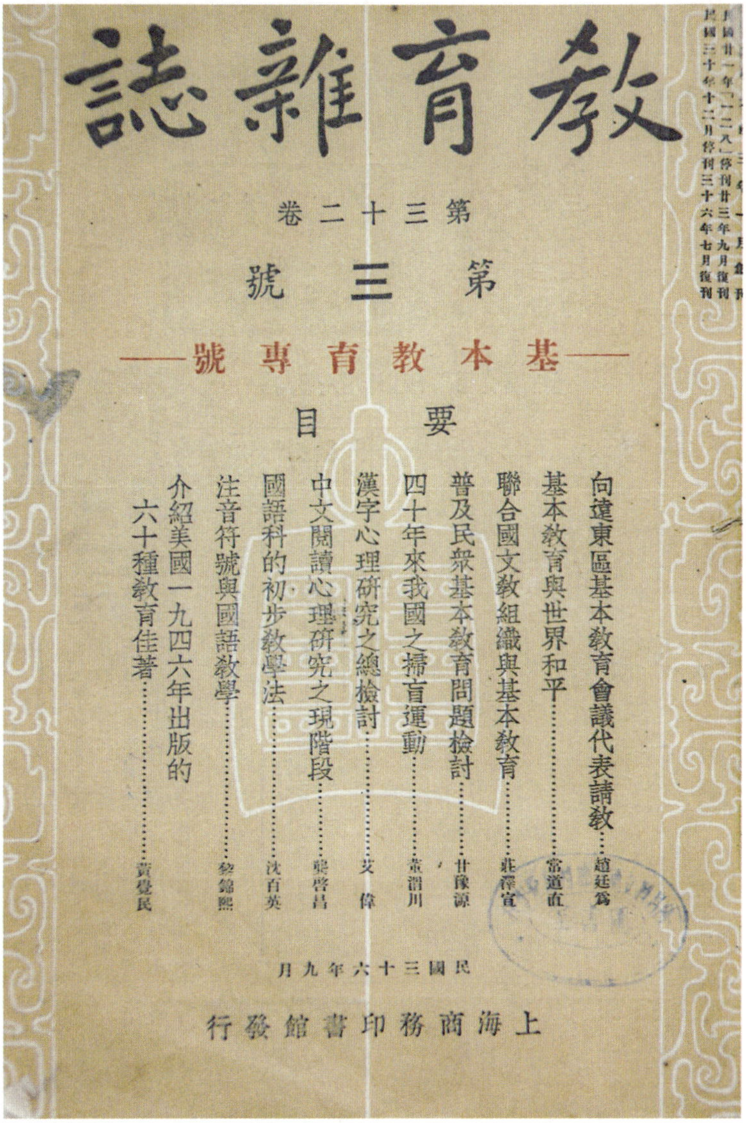

■ 教育杂志

1909 年 1 月创刊
创刊地点：上海
编　　辑：教育杂志社
高　　度：25cm

《教育杂志》1909年1月在上海创刊，1909年1月至1948年12月共出33卷。1932年12月曾停刊，1934年9月复刊，1937年12月迁长沙出版，1939年起迁香港出版，1947年7月迁上海出版，停刊于1948年12月第33卷第12期。该刊旨在研究教育，改良学务，讨论教育上应施设或改良之事，发表学术研究，译述教授经验，刊有著名教育家传记，教育法令等。该刊是中华人民共和国成立前，发行时间最长、流行最广的定期发行教育刊物之一。馆藏106期。

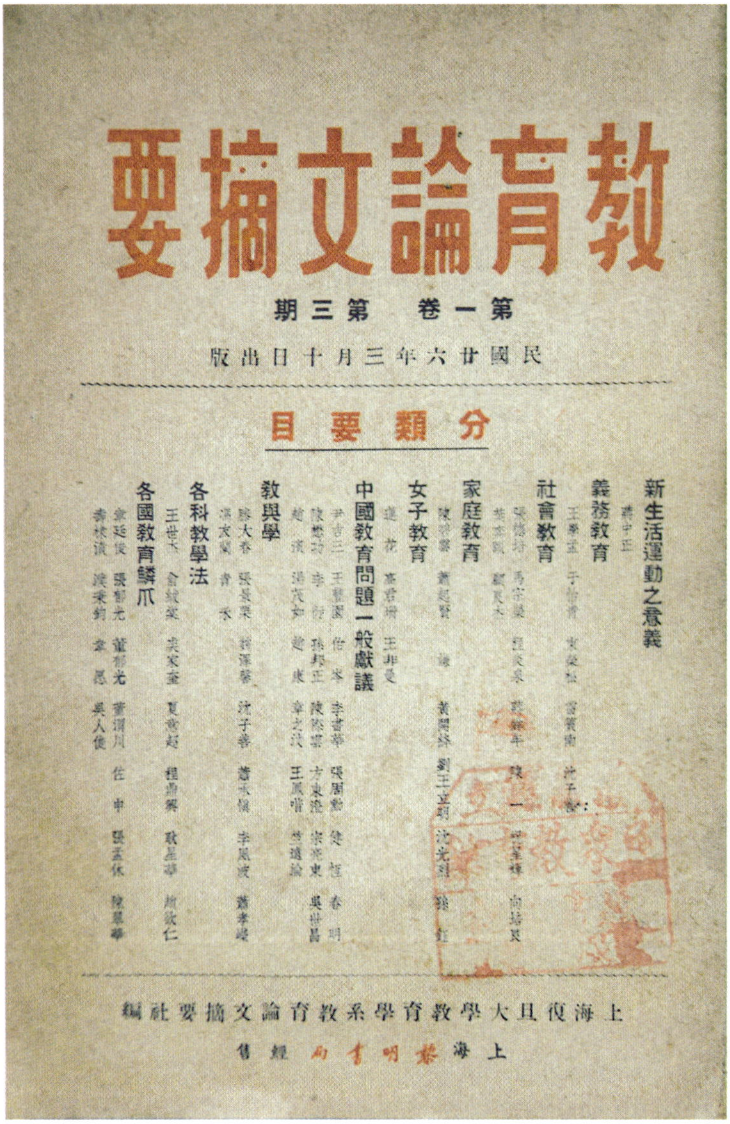

■ 教育论文摘要

1937 年 1 月创刊
创刊地点：上海
编　　辑：复旦大学教育学系教育论文摘要社
高　　度：25.6cm

《教育论文摘要》1937年1月创刊于上海，属于教育文摘月刊，1937年6月停刊。该刊主要摘登教育理论与各科教学实践等论文，涉及民众以及儿童的初等教育问题，同时介绍了日、美、苏等国教育情况，还对社会教育、公民教育、高等教育和职业教育方面的文章进行了摘录，是研究当时教育学领域的重要资料。馆藏11期。

■ 新教育

1919 年创刊
创刊地点：上海
编　　辑：中华新教育共进社
高　　度：25cm

《新教育》1919年在上海创刊，属于教育月刊。初由新教育共进社编辑出版，蒋梦麟担任主编，自1922年4卷第3期起，该刊改由上海中华教育改进社编辑，自1925年10卷1期起改由初等教育季刊社与新教育编辑部合编，共出11卷，1925年10月停刊。该刊载文内容以中外教育论文为主，以“养成健全个人，创造进化的社会”为办刊宗旨。馆藏22期。

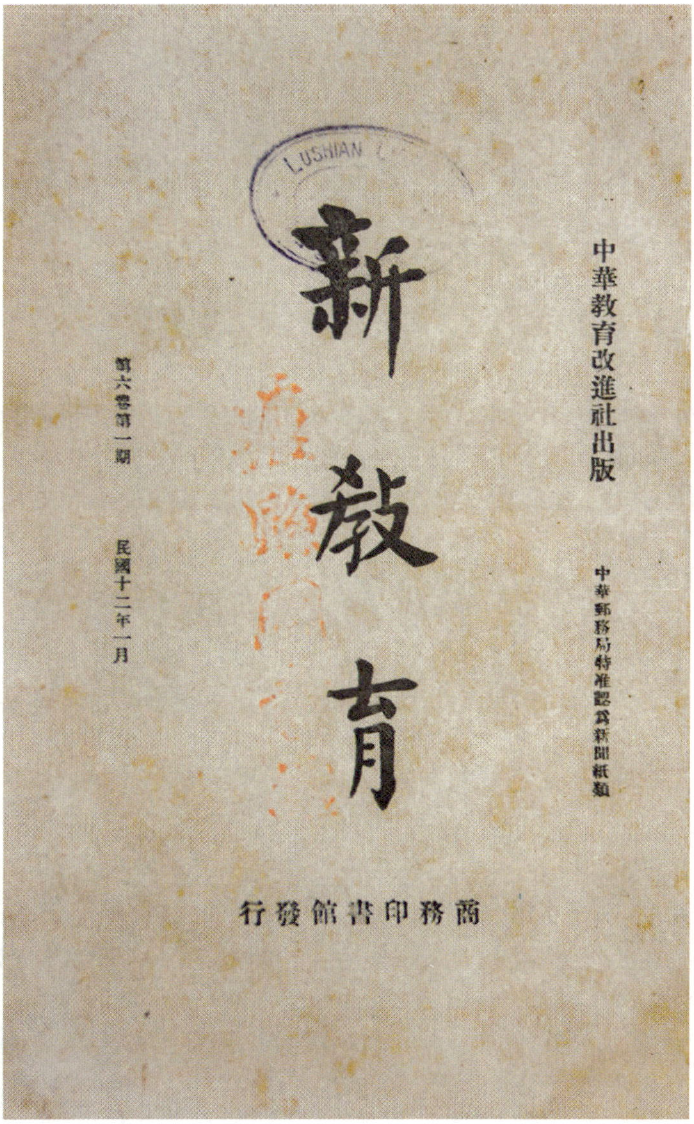

教育研究

1928 年 2 月创刊
创刊地点：广州
编　　辑：国立中山大学教育研究所
高　　度：25cm

《教育研究》1928年2月创刊于广州，1948年9月停刊，共发行110期。该刊最初除暑假两月外，每月发行一期，属于教育类刊物。该刊几乎伴随着南京国民政府建立后的整个民国时期，见证了南京国民政府统治时期的教育史。由于编辑出版单位学术水平高，故而该刊在民国教育界具有较高的知名度和影响力，并促进了民国时期教育学研究的发展，带动了学术的进步。其保存的有关中国各等级教育机构资料特别是广东省教育机构资料，对于研究民国教育史具有重要的参考价值。馆藏12期。

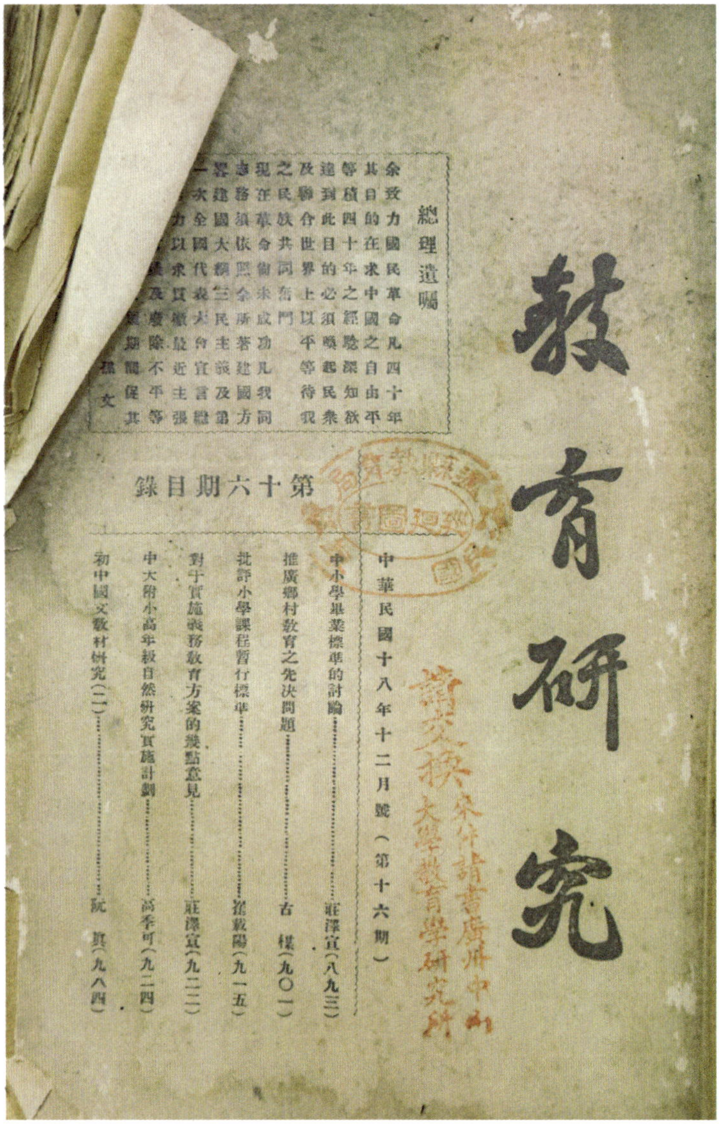

■ 教育丛刊

1919 年创刊
创刊地点：北京
编　　辑：北京高等师范学校教育丛刊社
高　　度：25.3cm

《教育丛刊》1919年由北京高等师范学校教育丛刊编辑处创刊，1924年第4卷第1期起由北京师范大学出版部主编。该刊主要内容是北京师范学校的师生研究教育发表各自的意见，介绍国外最新的教育及对本国的教育建议，刊登毕业学生服务各地的调查报告，地方社会教育之情形，担任各科教授之心得，教科书应行改良之提议，传递各地同学消息，评述现时教育制度之利弊。馆藏3期。

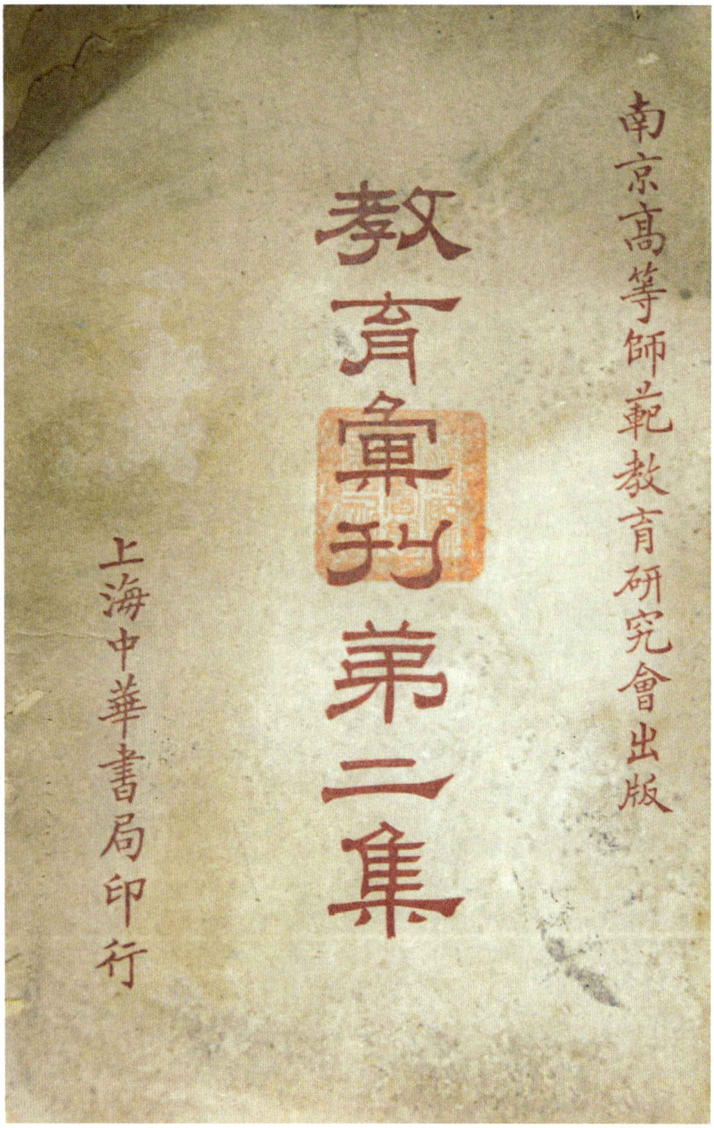

■ 教育汇刊

1921 年 3 月创刊
创刊地点：南京
编　　辑：南京高等师范教育研究会
高　　度：25cm

《教育汇刊》1921年3月在南京创刊，第5期起由国立东南大学高等师范教育研究会编印，改为季刊，1926年6月第2卷第3/4期停刊，属于教育研究类刊物。该刊以研究教育学术，介绍教学方法为主要宗旨。主要内容包括译述国外教育制度，分析教育趋势，指导学生实习及分析学生心理，此外还刊有一些介绍国内外学校的照片等。该刊还有些介绍外国教育的文章，这些都使它成为研究近代中国教育的重要史料。馆藏2期。

教育潮

1913 年 4 月创刊
创刊地点：杭州
编　　辑：浙江省教育会
高　　度：25cm

《教育潮》1913年4月在杭州创刊，它的前身为《教育周刊》。1914年4月易名为《教育潮》，1921年1月第10期停刊，由《浙江教育杂志》替代，属于教育类刊物。该刊以介绍世界新教育的思想学术、批评中国教育的弊病缺点为主要目的，主要内容有商榷新教育建设问题、记载国内外教育现状等。该刊不仅在当时的教育界产生了重要的影响，对现在研究教育方面的问题都有重要的意义。馆藏1期。

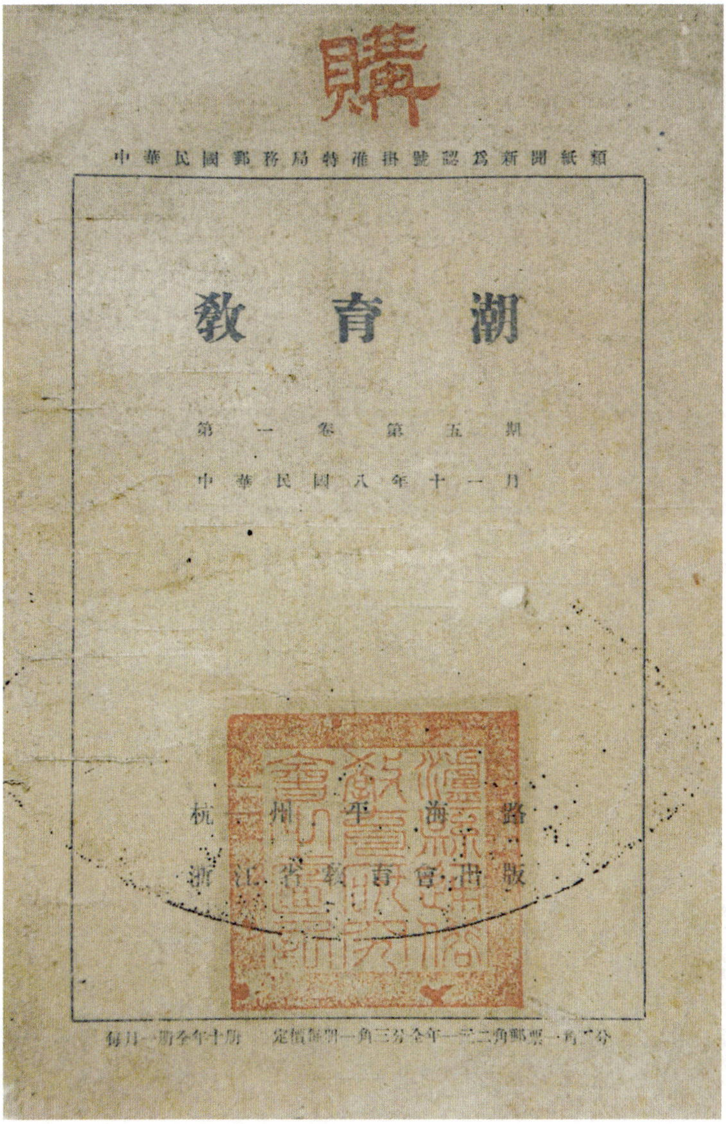

教育与职业

1917年10月创刊
创刊地点：昆明
编　　辑：教育与职业社
高　　度：25.5cm

《教育与职业》1917年10月创刊于昆明，1940年迁重庆，1946年迁上海出版，停刊于1949年12月第208期。该刊曾以双月刊、月刊、季刊出版，属于职业教育刊物。该刊以推广职业教育、改良职业教育为目的，研究我国职业教育问题，介绍各地职业教育状况，刊有百业需求及毕业学生就业状况的调查报告，是近代中国南方重要的教育刊物，也是今天研究职业教育史的重要史料。馆藏21期。

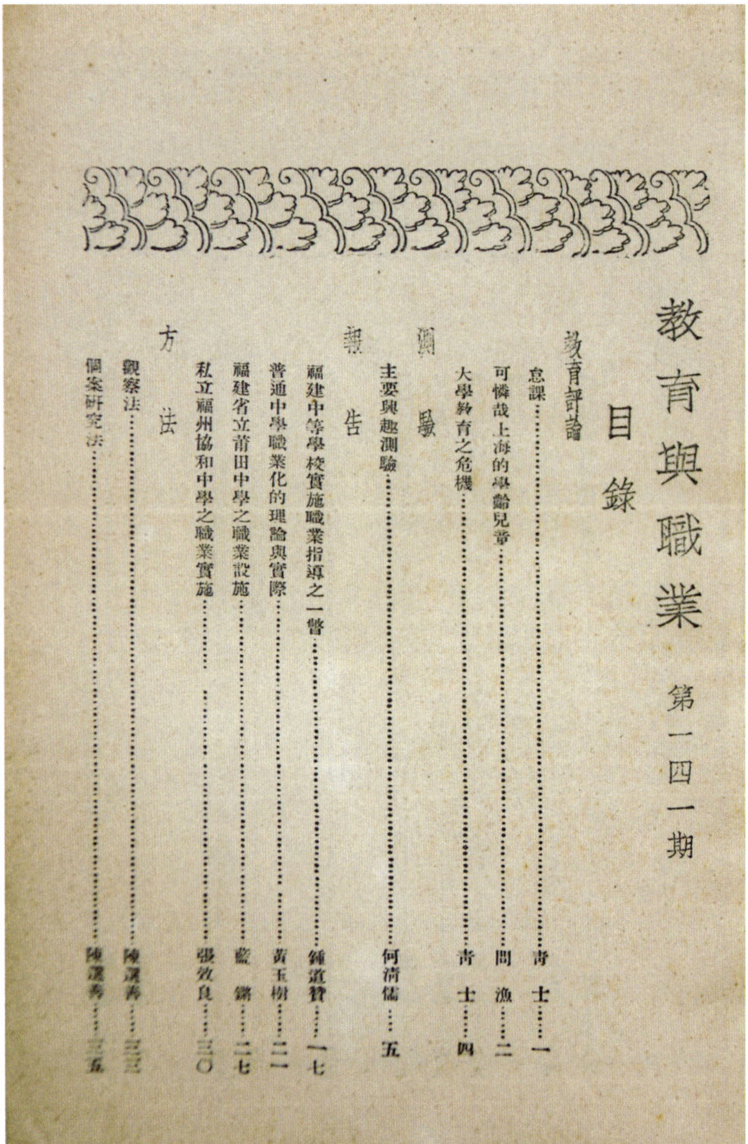
教育與職業　第一四一期

目錄

教育評論

測驗

報告

方法

民國三十七年七月二十三日出版

時與文

第三卷 第十四期

論破壞與罵人……蔡尚思
中國需要全盤的變、迅速的變……劉緒貽
進步教育與民主政治……林布
由下半年國家預算看物價……郭梅蓀
濟苦悶……全慰天

論破壞與罵人

古來一般特權者、守舊派，最討厭的是「破壞」和「罵人」。他們硬認只要涉及「破壞」和「罵人」，就是萬惡而無一是了。我現在請就這個傳統的自私的錯誤觀念來略作客觀的研究或歷史的解釋。

(一)只許自己破壞前人、不許後人破壞自己的錯誤觀念

一般自私自利者由於自己已經得到許多特別權利，覺得舊社會最有利於自己，所以沒有一個不想維持固有秩序的。

就社會的各階段來說：因為最有利於貴族地主階級的是封建社會，所以貴族地主階級要力謀鞏固封建社會，而反對有利於資產階級的民主革命；因為最有利於資產階級的是資本主義社會，所以資產階級要力謀鞏固資本主義社會，而反對有利於無產階級的社會革命。反過來說：因為封建社會很不利於資產階級，所以資產階級要起來革封建社會的命；因為資本主義社會很不利於無產階級，所以無產階級要起來革資本主義社會的命。因此，在封建社會時代最保守而怕平民破壞者便是貴族地主階級；在資本主義社會時代最保守而怕大衆破壞者便是資產階級。但資產階級未得政權以前，既苦大衆不起來破壞；得了政權以後，又苦大衆會起來破壞！這是只許自己破壞有利於人家的社會，而不許人家來破壞有利於自己的社會。

就中國的各朝代來說，也是如此。從漢高祖、宋太祖、清高宗，下至民國的新舊官閥，當政權在人家的手裏，便希望所有天下人都不忠於政府而加以痛罵；到了政權操在自己的手裏，就希望所有天下人都忠於政府而加以讚美了。近代中國這一類人，如一般官僚政客對於同一政府，昨天下野就罵政府，要求政府給他升官發財；今天上臺，達到陞官發財的目的，就反而為政府罵人。這全是以罵人和反對罵人為手段，以陞官發財為目的的。

(二)只許以上罵下、不許以下罵上的錯誤觀念

不論何種團體組織，都只在上者痛罵在下者為順，以在下者痛罵在上者為逆，這全是一種封建思想、專制思想，例如唐儒韓愈說：「臣罪當誅兮天王聖明」，宋儒羅從彥說：「天下無不是的父母」，這是說做了君主就可包辦「聖明」，做了臣民就要包辦「罪惡」；做了父母就可包辦「是」，做了子女就要包辦「不是」。這是何等的片面和不平！

(三)只許建設、不許破壞的錯誤觀念

古來最不通的論調，實莫過於「一切只許建設不許破壞」一說。比方墾荒：先除草，後下種，便是先破壞後建設；如反而在草地上去下種子，便是不破壞的建設。比方建屋：舊屋不破壞，新屋便無從建設，這是合理的；在舊屋上架新屋，這是不合理的。我們只能說：一切舊器物，凡是可以修理或改造的，當然以修理改造為是；但如到了無法修改時，那就只好把它廢棄了。對於各種社會與各種團體組織，也是如此：凡是可以改良的，當然以希望其改良為是；但如到了無望改良時，那就只好對它革命了。例如我們不好來怪孫中山先生等的對清政府實行政治革命，而只能去怪清政府的頑固腐敗而不肯自動改良、與人民合作；我們不好來怪列寧等的對帝俄政府實行社會革命，而只能去怪帝俄政府的頑固腐敗而不肯自動的改良、與人民合作。凡被破壞的朝代多是到了非破壞不可的；如定要主張不破壞的建設，那就等於把數十個朝代都堆積在一國了。好比被遺棄的垃圾，多是到了非被遺棄不可的；如定要主張不破壞的建設，那就等於把祖宗以來的垃圾都堆積在一家了。再明白一點的說：就是凡主張一切都不應該破壞者，就是要使宇宙萬物能夠和天地相終始。要知道：連清末的保皇黨有時也會懂得大破壞的很需要，純建設的不可能，如梁啟超

每逢星期五出版　每冊國幣拾伍萬元

■ 时与文

1947 年 3 月创刊
创刊地点：上海
编　　辑：时与文周刊社
高　　度：25.5cm

《时与文》1947年3月创刊于上海，1948年9月24日被迫停刊，总共71期，属于综合性周刊，是解放战争时期国民党统治区的进步刊物。该刊主要宣传和平民主，反对内战独裁，抨击国民党政府镇压民主运动的行径。馆藏3期。

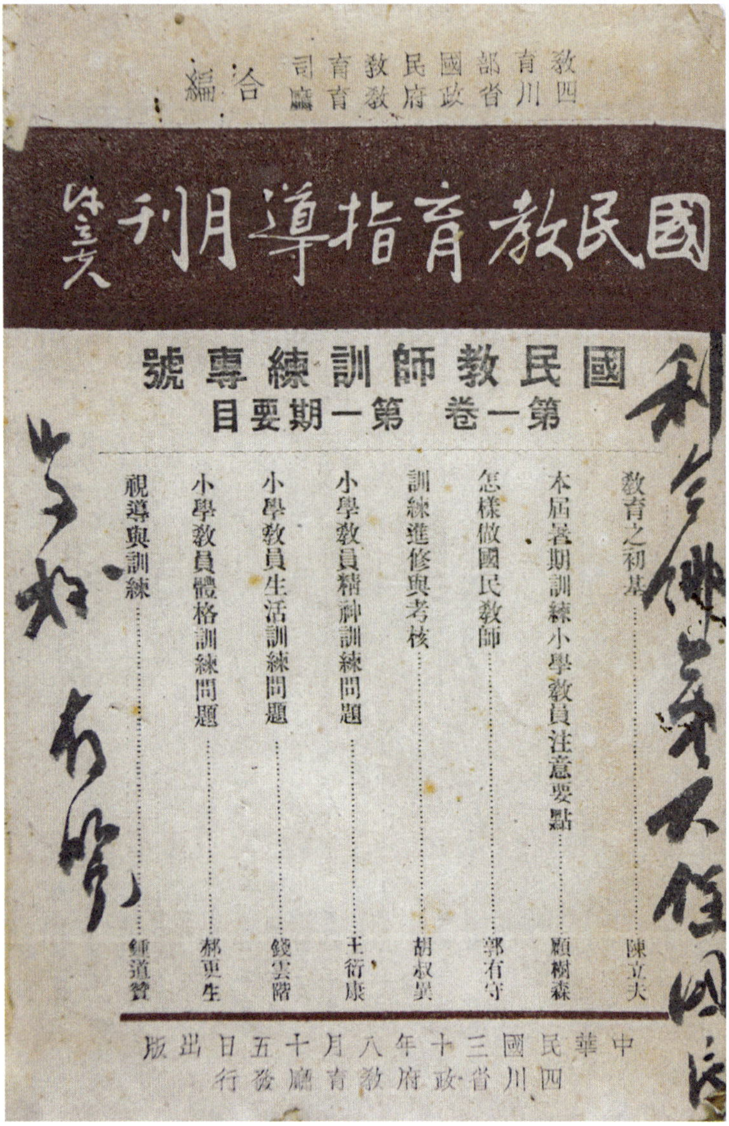

国民教育指导月刊

1941 年 8 月创刊
创刊地点：重庆
编　　辑：教育部国民教育司、四川省政府教育厅合编
高　　度：24.4cm

《国民教育指导月刊》1941年8月创刊于重庆，属于教育类月刊，陈立夫为该刊题写刊名，该刊发行至1944年12月停刊。其创刊宗旨在于使学校变成社会的中心，教师成为全民的教师。该刊是研究40年代重庆地区国民教育发展概况的重要参考资料。该刊有关国民教育行政的研究对于学者研究相关主题大有裨益，具有一定的参考价值。馆藏6期。

■ 教育视导通讯

1941 年 4 月 1 日创刊
创刊地点：成都
编　　辑：四川省政府教育厅
高　　度：25cm

《教育视导通讯》1941年4月1日创刊于成都，为教育类半月刊，以教育视导方面的内容为主，包括视导报告、改进令、优良事例、视导问题讨论、重要法令等。该刊是一份全面抗战时期出版于成都的教育类刊物，促进了相关人士之间的交流和沟通，同时对于研究当时中国的教育视导问题有着非常积极的意义。该刊于1944年7月停刊，共出38期。馆藏22期。

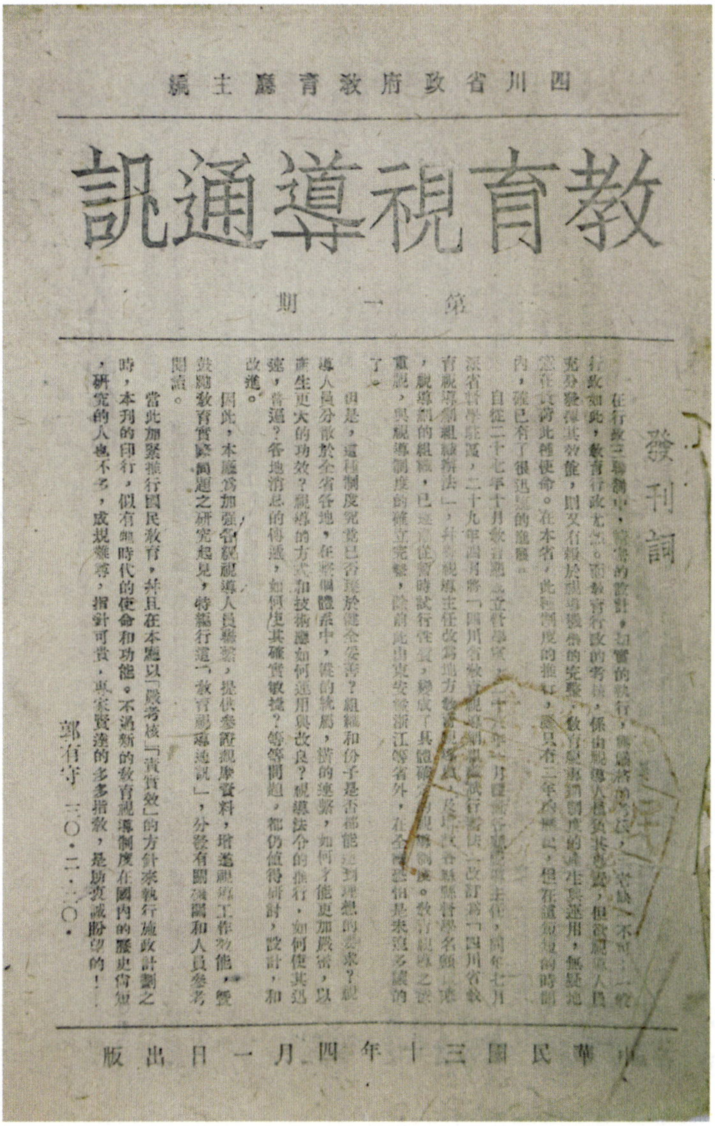
四川省政府教育廳主編

教育視導通訊

第一期

發刊詞

在行政三聯制中，[illegible]的設計，切實的執行，[illegible]嚴格的考核，[illegible]不可[illegible]。行政如此，教育行政尤然。而教育行政的考核，係由視導人員負其專責，但欲視導人員充分發揮其效能，則又有賴於視導機構的完整，教育視導制度的產生與運用，無疑地是在負荷此種使命。在本省，此種制度的推行，雖只有二年[illegible]，但在這短短的時間內，確已有了很迅速的進展。

自從二十七年十月教育廳設立督學室，[illegible]督學主任，同年七月派省督學駐區，二十九年四月將「四川省教育[illegible]」改訂為「四川省教育視導組織辦法」，并[illegible]視導主任改為地方教育[illegible]及各縣[illegible]縣督學名額，這[illegible]，視導組的組織，已逐漸[illegible]試行[illegible]，變成了具體確定的視導機構。教育視導之受重視，與視導制度的確立完整，除前此由[illegible]浙江等省外，在全國恐怕是寥寥[illegible]的了。

但是，這種制度究竟已否臻於健全妥善？組織和份子是否都能達到理想的要求？視導人員分散於全省各地，在整個體系中，縱的統屬，橫的連繫，如何才能更加嚴密，以產生更大的功效？視導的方式和技術應如何運用與改良？視導法令的推行，如何使其迅速，普遍？各地消息的傳遞，如何使其確實敏捷？等等問題，都仍值得研討，設計，和改進。

因此，本廳為加強督察視導人員聯繫，提供參證視導資料，增進視導工作效能，暨鼓勵教育實際問題之研究起見，特編行這「教育視導通訊」，分發有關機關和人員參考閱讀。

當此加緊推行國民教育，并且在本廳以「嚴考核」「責實效」的方針來執行施政計劃之時，本刊的印行，似有與時代的使命和功能。不過新的教育視導制度在國內的歷史尚短，研究的人也不多，成規難尋，指針可貴，專家賢達的多多指教，是所誠盼望的！

郭有守　三〇・二・二〇・

中華民國三十年四月一日出版

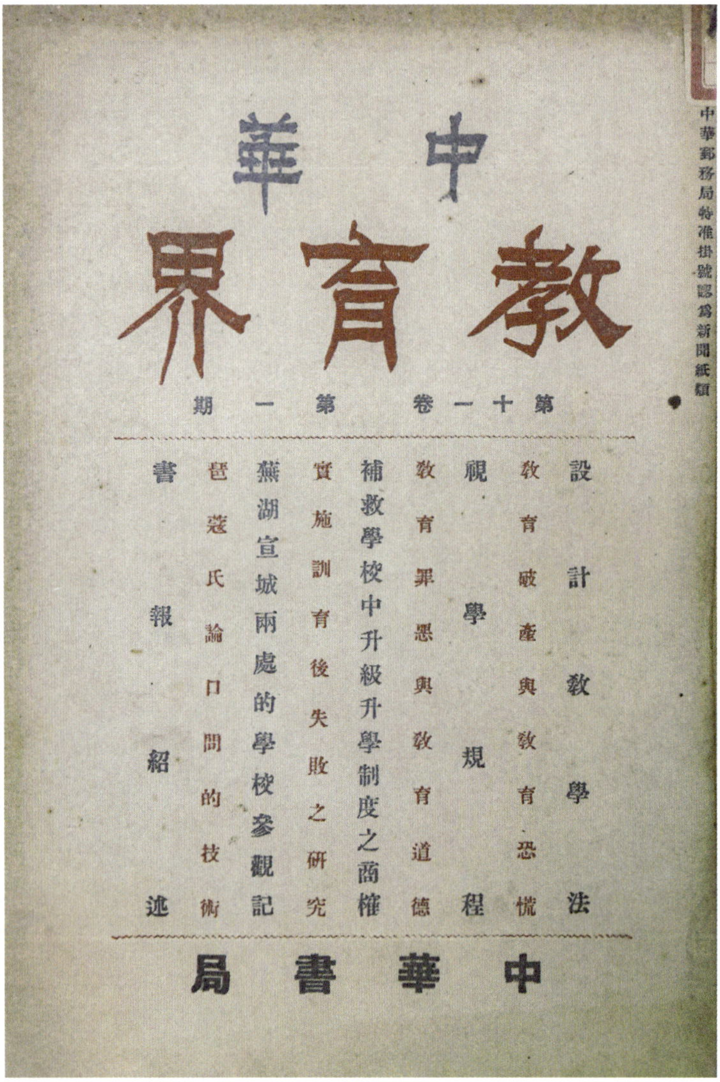

中华教育界

1912年1月创刊
创刊地点：上海
编　　辑：中华教育界杂志社
高　　度：25cm

《中华教育界》1912年1月创刊于上海，属于教育类月刊。该刊由中华书局印行，中华教育界杂志社编辑兼发行。1937年8月出版至第25卷第2期后，因“八一三”战事停刊。1947年1月复刊，卷期重起，至1950年12月第4卷第12期出版后停刊。该刊旨在广泛探讨新的教育思想、教育内容、教学方法、以使“教育普及于全国”“文化深入于民间”。该刊刊登了许多有价值的教育文章，传播了新式的教育观，影响了一大批教师和学生，在众多的近代教育期刊中占据一个重要的地位。馆藏4期。

■ 教与学

1935 年 7 月创刊
创刊地点：南京
编　　辑：教与学月刊社
高　　度：21cm

《教与学》1935年7月在南京创刊，由于全面抗战爆发，1938年9月第3卷第7期迁重庆出版，1942年2月第7卷第2期停刊，属于教学研究类月刊。该刊以探讨教育学术理论为主旨，发行该刊的正中书局隶属于当时中国国民党中央宣传部，因此影响较大。教育家蔡元培曾在该刊上发表《教与学》一文，详细论述了教与学二者的关系，打破传统的关于“教”就是老师的教授，“学”就是学生学习的认识。该刊在近代教育研究的地位重大，也是研究近代教育的重要史料。馆藏8期。

社会与教育

1930年11月创刊
创刊地点：上海
编　　辑：社会与教育社
高　　度：25.6cm

《社会与教育》1930年11月创刊于上海，停刊于1933年12月。该刊由社会与教育社主编，新生命书局发行为周刊，属于政论性刊物，是近代中国重要的刊物。该刊宗旨为“从社会的观点，来看透教育现象，并从教育现象的解剖，来指摘社会的矛盾”，刊登“暴露真实的记录与事实”的文字，每周六出版。馆藏15期。

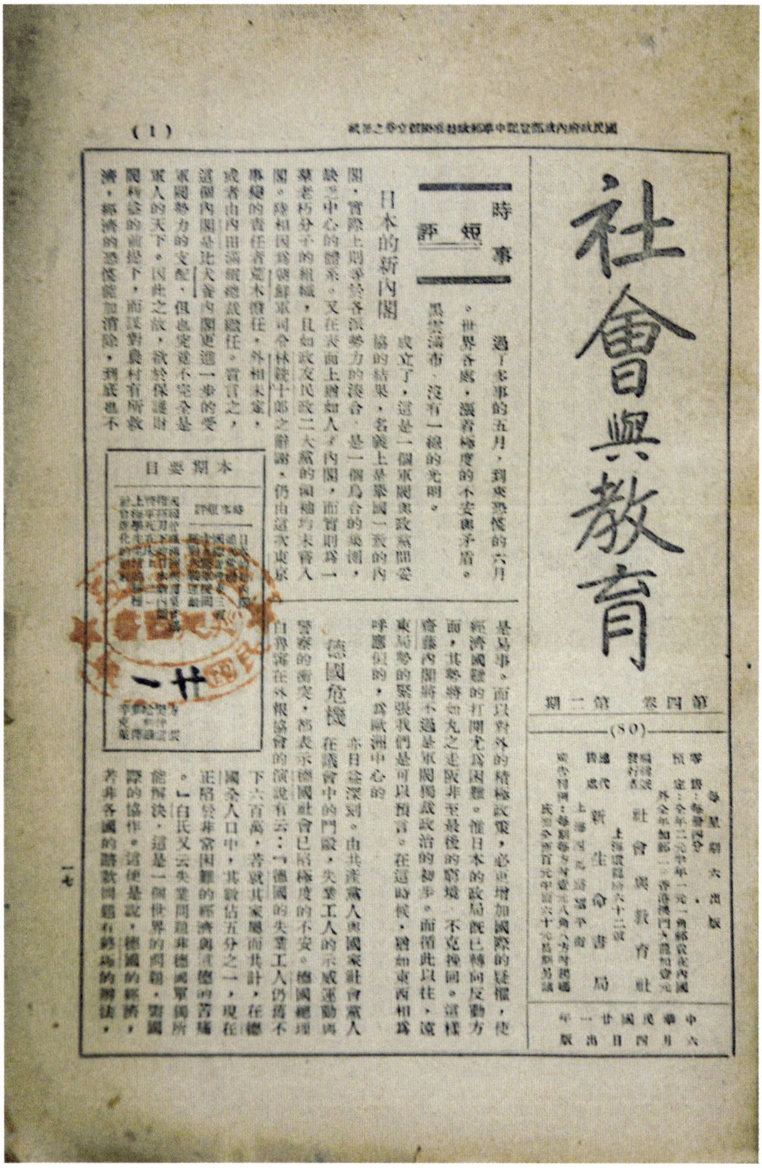

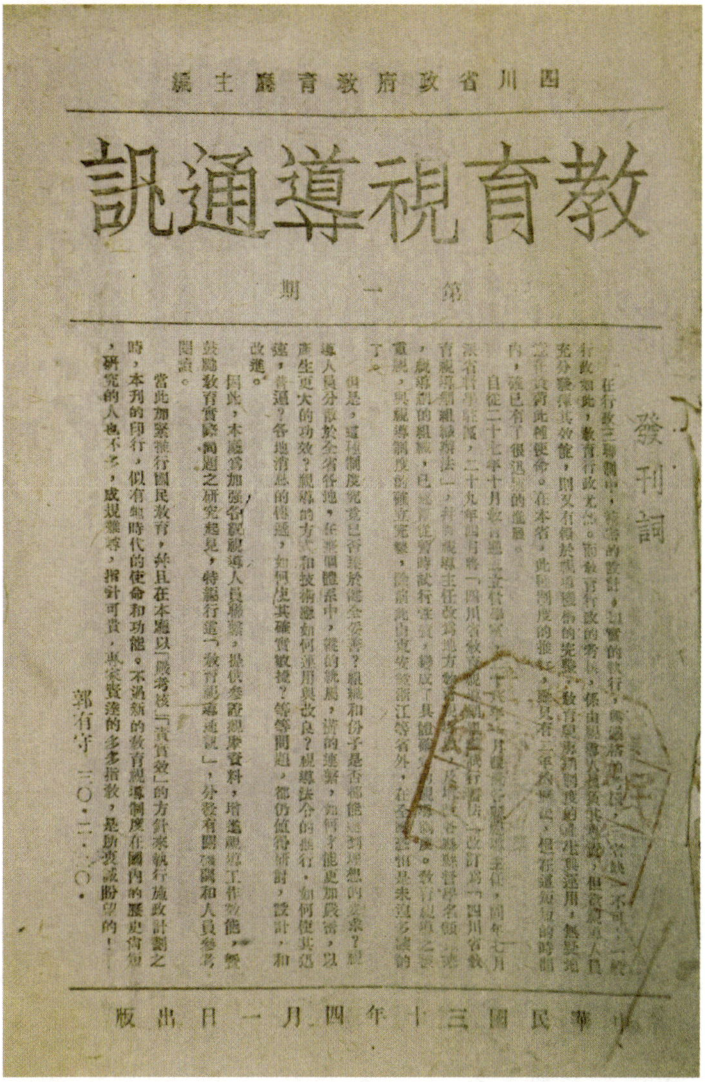

四川省政府教育廳主編

教育視導通訊

第一期

發刊詞

在行政三聯制中，精密的設計，切實的執行，與嚴格的考核，實缺一不可。三者行政如此，教育行政尤然。而教育行政的考核，係由視導人員負其責任，但視導人員充分發揮其效能，則又有賴於視導制度的完整，教育視導制度的建立與運用，無疑地當負責此種使命。在本省，此種制度的推行，雖只有三年多的歷史，但在這短短的時間內，就已有了很迅速的進展。

自從二十七年十月教育廳設立督導室，[illegible]督導主任，同年七月派省督學駐區，二十九年四月將「四川省教育視導組織辦法」改訂為「四川省教育視導組織辦法」，并將視導主任改為地方視導[illegible]，及增設各縣縣督學名額，使視導制的組織，已經過實時試行[illegible]，蔚成了具體[illegible]的規模。教育視導之重視，與視導制度的確立完整，除[illegible]浙江等省外，在各省恐怕是未[illegible]多[illegible]的了。

但是，這種制度究竟已否臻於健全妥善？組織和份子是否都能達到理想的要求？視導人員分散於全省各地，在整個體系中，彼的聯繫，[illegible]的連繫，如何才能更加緊密，以產生更大的功效？視導的方式和技術應如何運用與改良？視導法令的推行，如何使其迅速，普遍？各地消息的傳遞，如何使其確實敏捷？等等問題，都仍值得研討，設計，和改進。

因此，本處為加強各級視導人員聯繫，提供參證觀摩資料，增進視導工作效能，暨鼓勵教育實際問題之研究起見，特編行這「教育視導通訊」，分發有關機關和人員參考閱讀。

當此加緊推行國民教育，并且在本處以「嚴考核」「責實效」的方針來執行施政計劃之時，本刊的印行，似有與時代的使命和功能。不過新的教育視導制度在國內的歷史尚短，研究的人也不多，成規襲導，指針可貴，與家賢達的多多指教，是所衷誠盼望的！

郭有守 三〇・一二・一〇

中華民國三十四年一月一日出版

教育与民众

1929 年 5 月创刊
创刊地点：无锡
编　　辑：江苏省立教育学院
高　　度：24.6cm

《教育与民众》1929年5月创刊于无锡，每年1卷，除暑期外每月1期，每卷10期，1941年6月因学院暂行停办，出至第10卷第10期停刊。1945年学院复院后，刊物于1946年12月复刊，卷期续前，1948年7月出至第12卷第4期停刊。抗战期间迁桂林出版，抗战胜利后迁回无锡。该刊以“研究民众教育之学理与实施方法而求于学术上有所贡献”为宗旨，号召热衷民众教育事业的海内外教育家以“风雨如晦，鸡鸣不已”的精神，去努力研究民众教育学理和实施方法。该刊内容涉及了江苏省立教育学院和中国社会教育社在江苏、桂林等地从事民众教育的理论和实践。馆藏3期。

教师之友

1921 年 2 月创刊
创刊地点：南京
编　　辑：江苏第一师范附属小学等
高　　度：22cm

《教师之友》1921年2月在南京创刊，1925年4月第76期停刊。由江苏第一师范附属小学编辑出版，出版者还有东大南高暨南附属小学、江苏第一女师范附属小学、江苏第二女师范附属小学。该刊属于教育类半月刊，寒暑假停刊，宗旨是普及义务教育，研究小学教育，提高教学质量。该刊独特的见解和新颖的教学方法不仅在当时有重要的作用，对现在的教育也有很大的启发意义。馆藏11期。

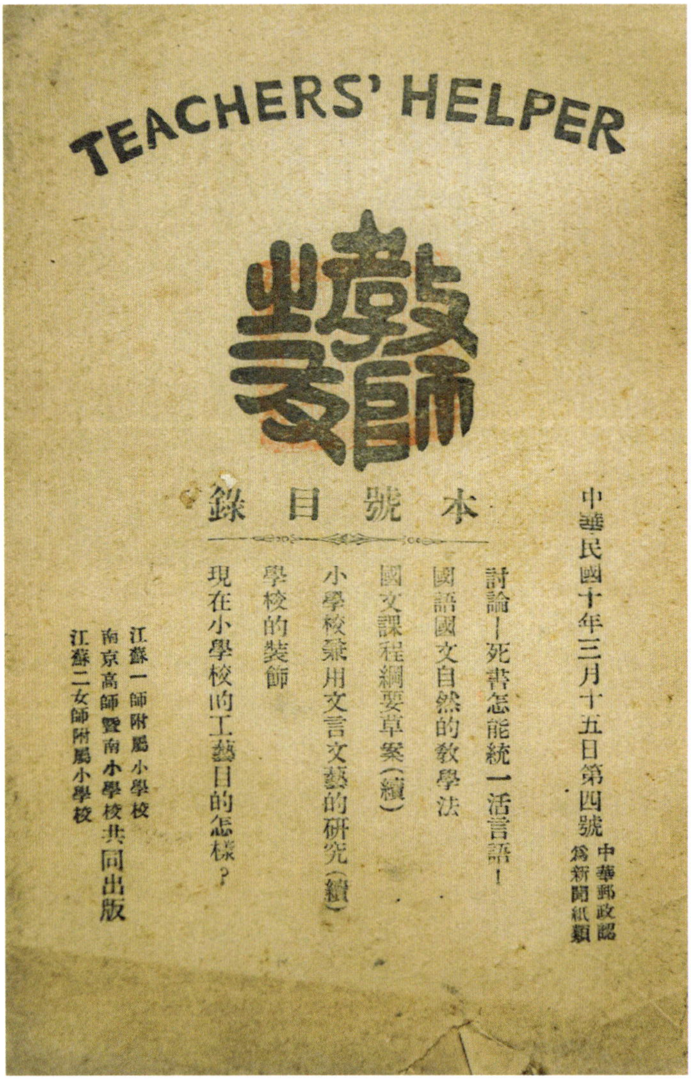

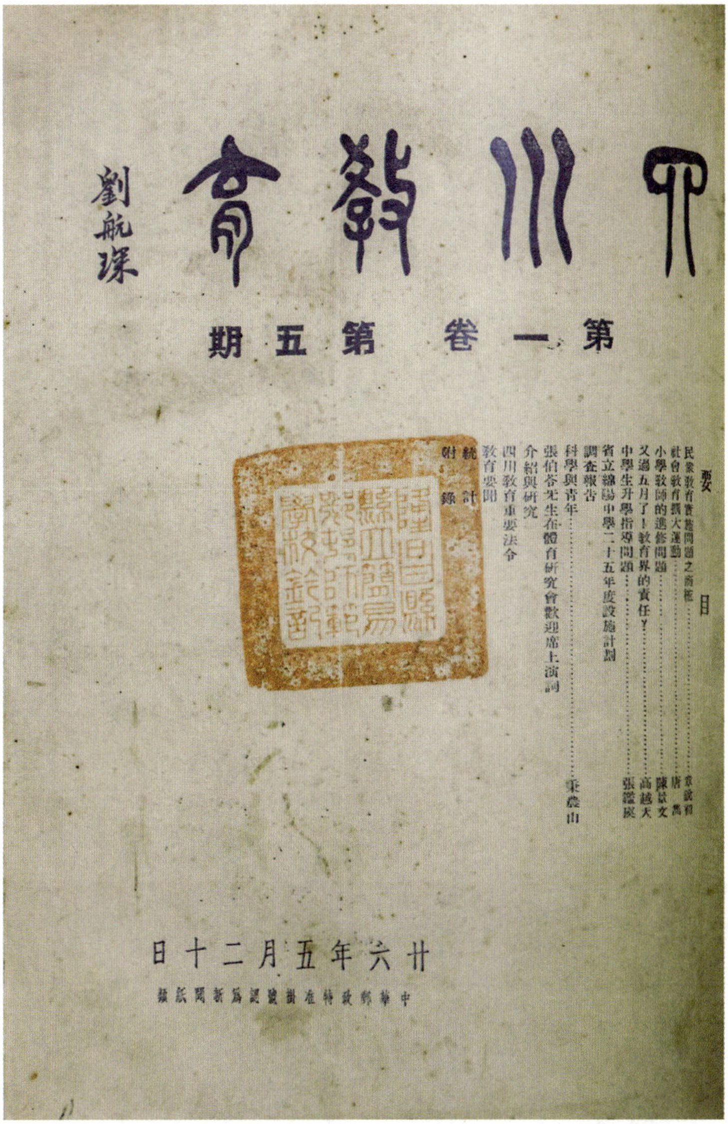

四川教育

1937 年 1 月 31 日创刊
创刊地点：成都
编　　辑：四川省政府教育厅
高　　度：26.5cm

《四川教育》1937年1月31日在成都创刊，属于地方教育月刊。该刊的使命是对科学的教育思想和理论做系统的解释，对成绩和设施做具体的报告，以供学界同仁参证和修养，唤起人们的教育理念。其内容涵盖教育方面的论著报告、学术讲座与研究，特别有关国防教育的介绍和研究是重点。该刊对四川教育事业发展的历史研究具有重要的参考价值。馆藏4期。

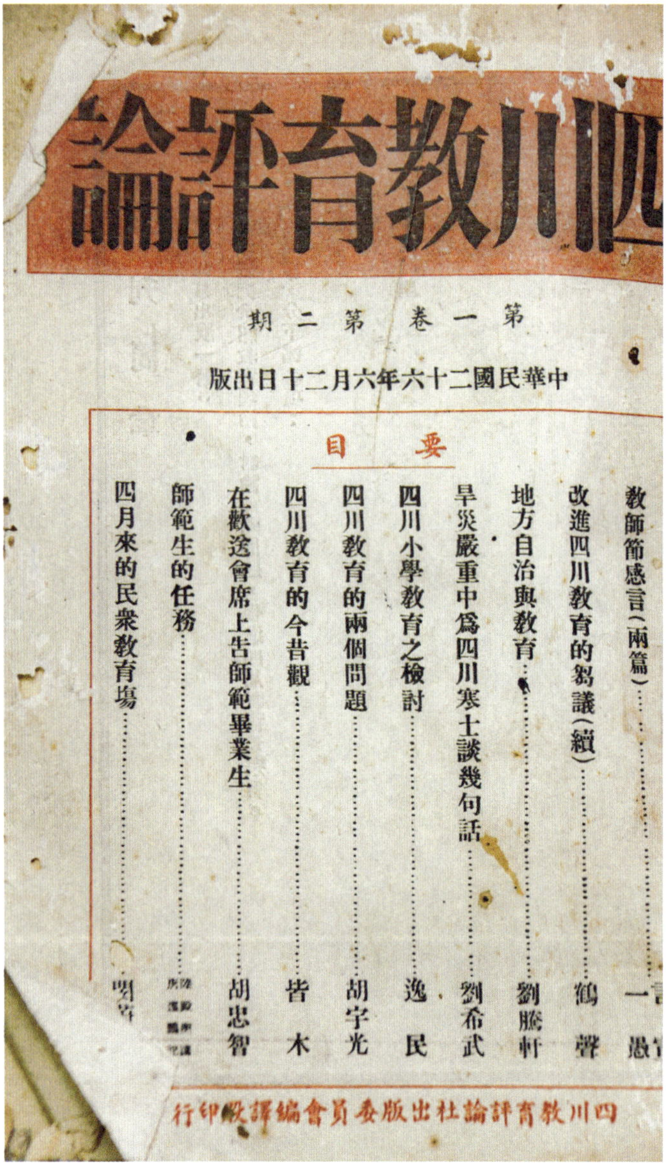

四川教育评论

1937 年 5 月创刊
创刊地点：成都
编　　辑：四川教育评论社
高　　度：26.2cm

《四川教育评论》1937年5月在成都创刊，收录至同年10月第1卷第6期，属于教育评论月刊。该刊主要内容为四川省的教育改革等，对于研究民国时期有关四川省的教育，尤其是改革提供了翔实的资料。研究者通过该刊可从侧面窥视民国时期中国的教育事业发展的情况，具有一定的史料价值。馆藏6期。

浙江图书馆馆刊

1933年7月创刊
创刊地点：杭州
编　　辑：浙江省立图书馆
高　　度：23cm

《浙江图书馆馆刊》1933年7月在杭州创刊，继承自《浙江省立图书馆月刊》，由于经费紧缩，于1933年出版第2卷起由原来的月刊改为双月刊。该刊旨在“纪载馆务，互通声气，辅助阅览，实施辅导，乃至提倡读书”，主要记载浙江省立图书馆的馆务工作，辅导图书馆使用者阅览。该刊是近代中国出现最早、种类最多、办理时间最长的图书馆学期刊，是研究浙江省立图书馆馆刊的重要对象和史料来源，也为研究浙江省图书馆事业提供了充足的历史资料。1935年12月出版第18期后停刊。馆藏2期。

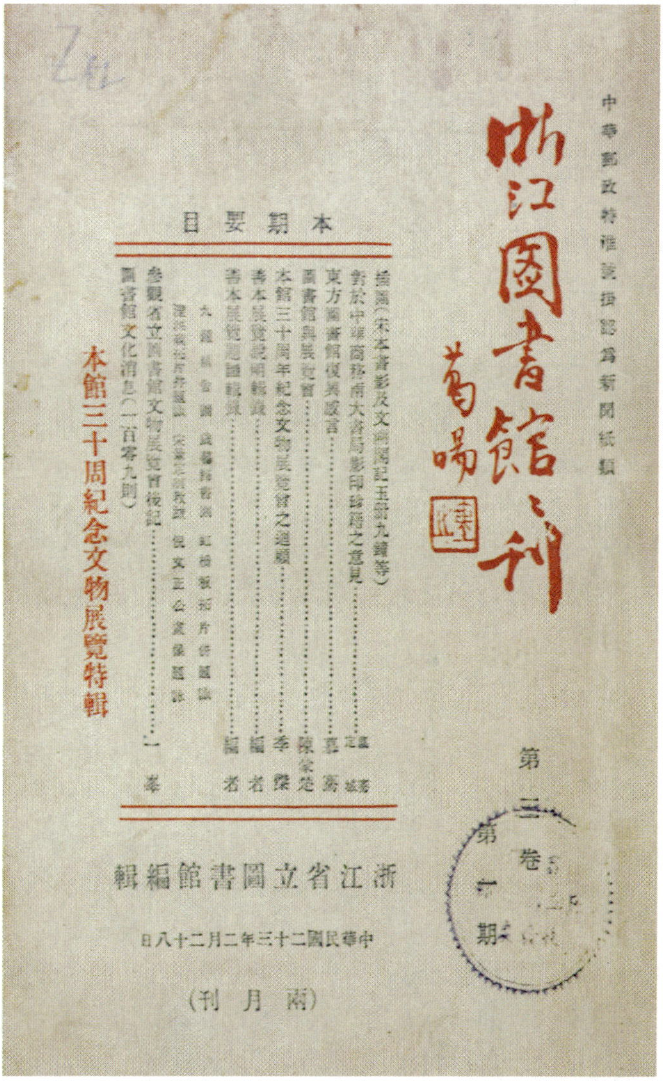

中学生

1930年1月创刊
创刊地点：上海
编　　辑：开明书店
高　　度：20cm

《中学生》于1930年1月创刊于上海，先后为月刊、半月刊。1937年8月因抗日战争爆发，出至76期停刊，辗转桂林、重庆等地，1939年5月复刊，期数另起。1946年7月迁回上海，从复刊第216期起与北平出版的《进步青年》合并，改名为《进步青年》。该刊是由开明书店创办的青少年综合型读物，以向学生提供多种趣味与知识，解答疑问，指导前途，并作为学生发表作品的平台为宗旨，对民国青年教育史研究具有较为重要的史料参考价值。馆藏51期。

现代学生

1930 年 10 月创刊
创刊地点：上海
编　　辑：孟寿椿、刘大杰
高　　度：21cm

《现代学生》1930年10月在上海创刊，1931年9月至1932年6月曾停刊，终刊于1934年11月第3卷第5期，为月刊。该刊主要撰稿人有蔡元培、胡适、沈从文、徐志摩、石民、李心平等，主要介绍国外教育现状、世界文艺思潮、现代学生的地位和责任，同时还介绍青年运动和各类科学知识，传授读书方法等。该刊集人文性、实用性和可读性于一体，风格清新，内容实用。馆藏7期。

新少年

1936年1月创刊
创刊地点：上海
编　　辑：新少年月刊社
高　　度：20cm

《新少年》1936年1月在上海创刊，属于综合性少年半月刊。因全面抗日战争的爆发，停刊于1937年7月的第4卷第2期，1945年7月在重庆复刊，改名《开明少年》，共出版46期，1949年停刊。该刊以引导少年认识社会、欣赏文艺、了解自然为宗旨，作为近代指导中小学生文化学习的定期刊物，有助于青少年了解时事、社会、科学等方面的知识。馆藏20期。

英文杂志

1915 年 1 月创刊
创刊地点：上海
编　　辑：英文杂志社
高　　度：22.1cm

《英文杂志》1915年1月创刊于上海，属于教育类月刊。创刊宗旨在于增进英文上的研究，为广大热爱英语者提供增进英文知识的园地。《英文杂志》延续数十年，保留了大量有关20世纪初期英文教育的内容，不仅为当时人们学习英语提供了材料与途径，也在一定程度上反映了当时国内英语教育的方式及思维的发展变化。此外，该刊也是研究民国初期人们接受英文教育的方式和途径的资料来源之一。馆藏9期。

英语周刊

1915年10月2日创刊
创刊地点：上海
编　　辑：张世鎏
高　　度：19cm

《英语周刊》1915年10月2日创刊于上海，属于教育类周刊。1932年10月1日改为新第1期，1938年起迁至香港，卷数续前。该刊宗旨在于辅助英语自学者补习英语知识，刊载文章内容浅显易懂，十分适合英语自学者，同时其刊载的内容层层递进，使得读者与刊物共同进步，增加了读者的兴趣。该刊是新文化运动后研究英语在中国的传播和发展的重要参考资料。馆藏808期。

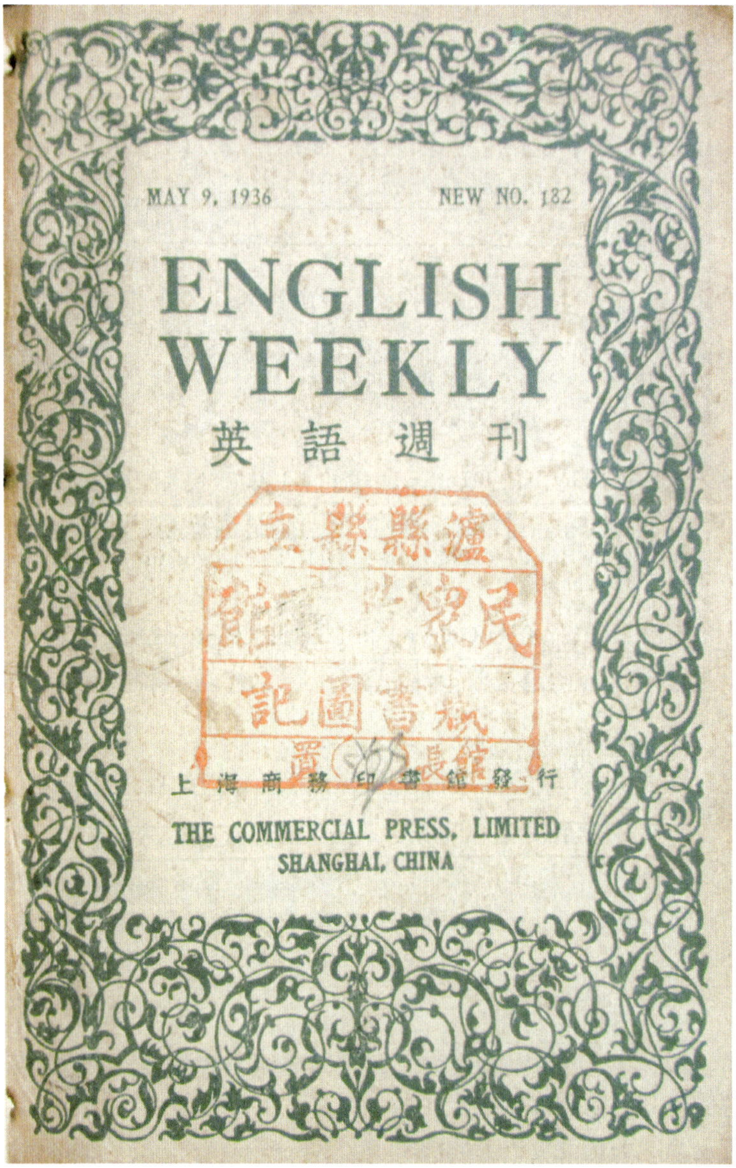

儿童世界

1922 年 1 月创刊
创刊地点：上海
编　　辑：儿童世界杂志社
高　　度：19cm

《儿童世界》1922年1月在上海创刊，为周刊，停刊于1932年1月第29卷第3期。同年10月复刊，续出29卷新1期，并改为半月刊。自1938年起迁长沙出版，自41卷第4期起迁香港出版，停刊于1941年6月第46卷第9期。作为我国现代儿童文学最初的刊物，它为发展和繁荣我国现代儿童文学的创作，有着特殊的功绩，同时也为儿童报刊的出版工作积累了宝贵经验，为我国现代儿童文学的发展，做出具有历史意义的珍贵贡献。馆藏2期。

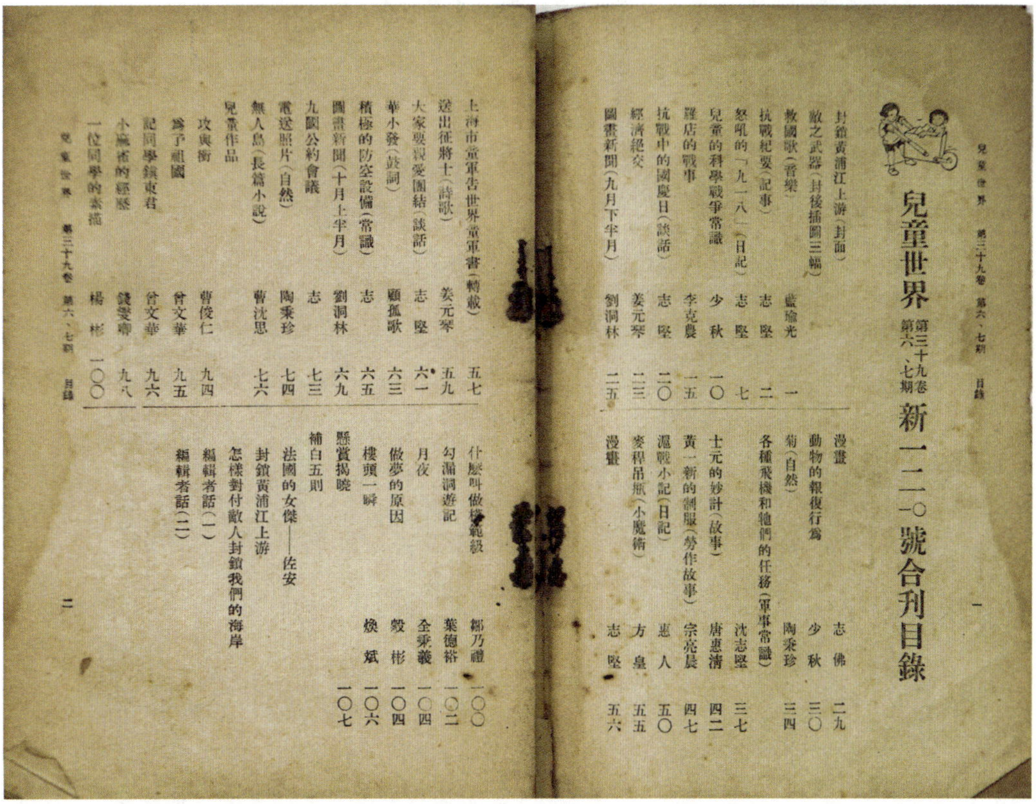
兒童世界　第三十九卷　第六、七期　目錄

兒童世界 第三十九卷第六、七期 新一二一〇號合刊目錄

封鎖黃浦江上游（封面）		
敵之武器（封後插圖三幅）		
救國歌（音樂）	藍瑜光	一
抗戰紀要（記事）	志　堅	二
怒吼的「九一八」（日記）	志　堅	七
兒童的科學戰爭常識	少　秋	一〇
羅店的戰事	李克農	一五
抗戰中的國慶日（談話）	志　堅	二〇
經濟絕交	姜元琴	二三
圖畫新聞（九月下半月）	劉洞林	二五
漫畫	志　佛	二九
動物的報復行為	少　秋	三〇
菊（自然）	陶秉珍	三四
各種飛機和牠們的任務（軍事常識）	沈志堅	三七
十元的妙計（故事）	唐惠清	四二
黃一新的制服（勞作故事）	宗亮晨	四七
滬戰小記（日記）	惠　人	五〇
麥稈吊瓶（小魔術）	方　皇	五五
漫畫	志　堅	五六

一

上海市童軍告世界童軍書（轉載）		五七
送出征將士（詩歌）	姜元琴	五九
大家要親愛團結（談話）	志　堅	六一
華小發（鼓詞）	顧孤歌	六三
積極的防空設備（常識）	志	六五
圖畫新聞（十月上半月）	劉洞林	六九
九國公約會議	志	七三
電送照片（自然）	陶秉珍	七四
無人島（長篇小說）	曹沈思	七六
兒童作品		
攻與衛	曹俊仁	九四
為了祖國	曾文華	九五
記同學鎮東君	曾文華	九六
小麻雀的經歷	錢燮卿	九八
一位同學的素描	楊　彬	一〇〇
什麼叫做模範級	鄒乃禮	一〇〇
勾漏洞遊記	葉德裕	一〇二
月夜	全秉義	一〇四
做夢的原因	毅　彬	一〇四
樓頭一瞬	煥　斌	一〇六
懸賞揭曉		一〇七
補白五則		
法國的女傑——佐安		
封鎖黃浦江上游		
怎樣對付敵人封鎖我們的海岸		
編輯者話（一）		
編輯者話（二）		

兒童世界　第三十九卷　第六、七期　目錄

二

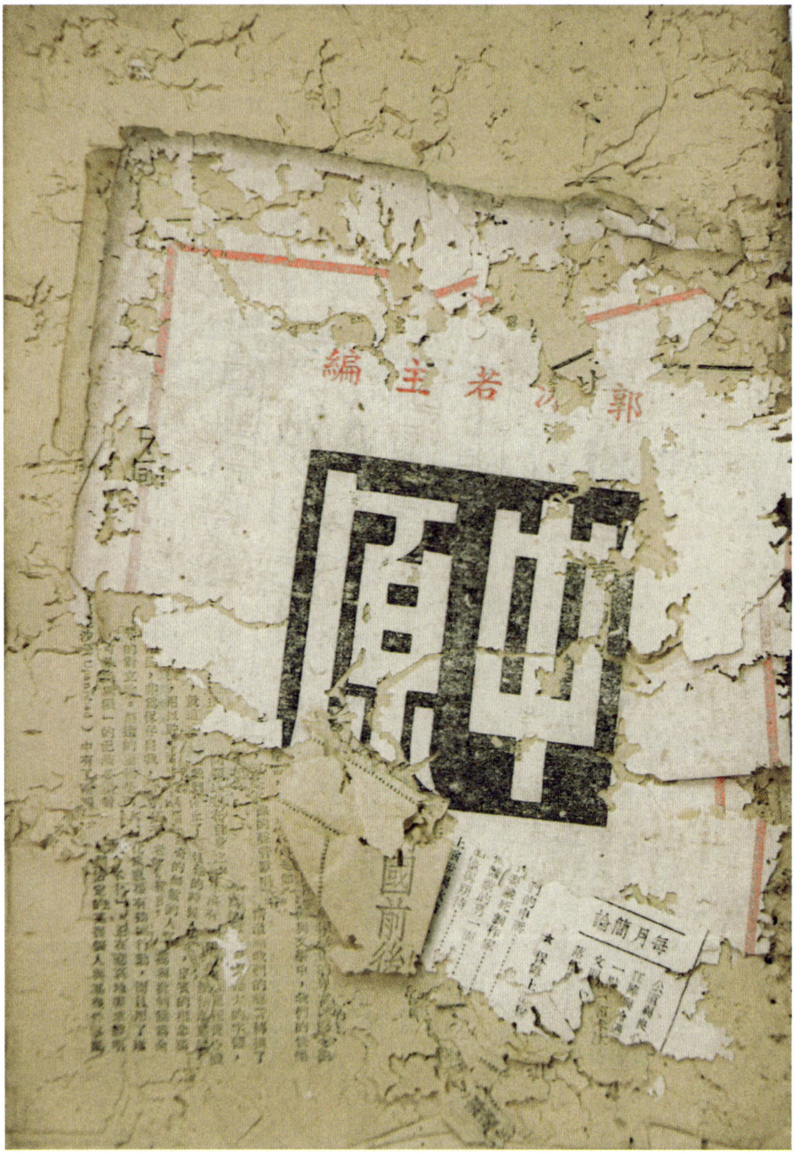

中原

1943 年 6 月创刊
创刊地点：重庆
编　　辑：郭沫若
高　　度：26.3cm

《中原》1943年6月创刊于重庆，1945年10月停刊，属于文艺综合月刊。该刊除了出版郭沫若的著作之外，还出版其他进步作家的作品，内容涉及小说、散文、诗歌、戏剧评论、翻译作品等，对于研究进步文学作品具有重要史料参考价值。馆藏2期。

学习生活

1940 年 4 月 10 日创刊
创刊地点：重庆
编　　辑：学习生活社
高　　度：26.3cm

《学习生活》于1940年4月10日在重庆创刊，赵冬垠、楚云任主编。初为半月刊，自第1卷第4期起改为月刊，属于综合性文科杂志，共出版23期，1943年5月停刊。该刊以帮助大众学习科学，认识生活为宗旨，用最通俗的文字将哲学、自然科学、社会科学、文学等各方面知识介绍给读者。馆藏3期。

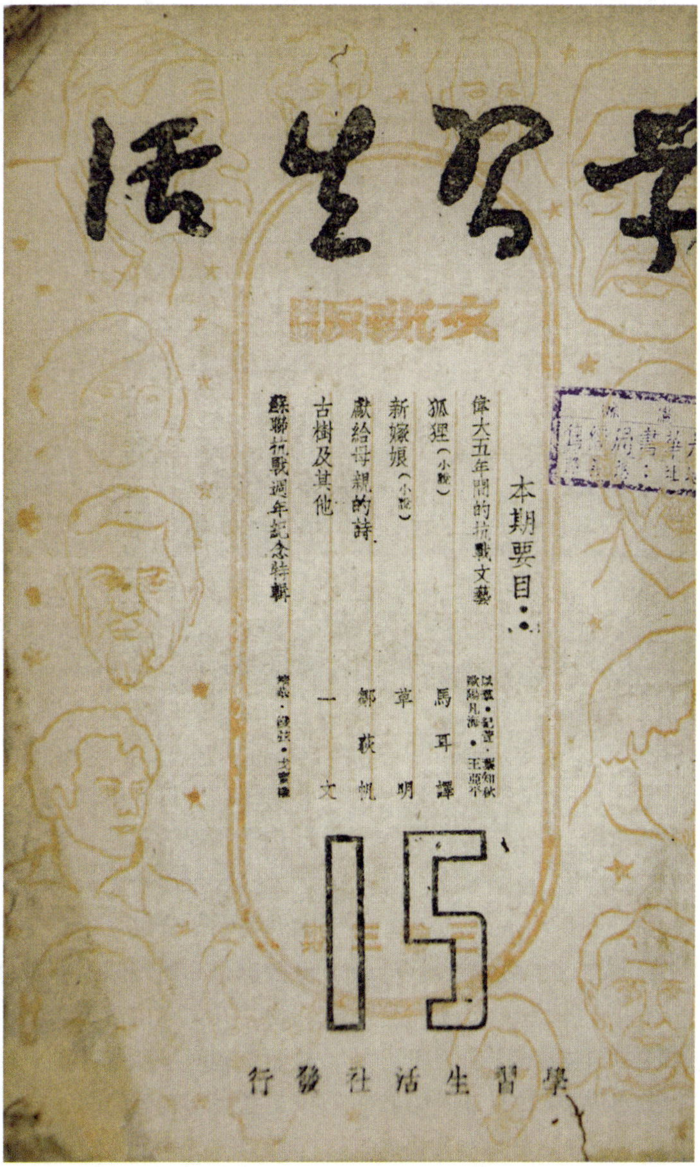

人间世

1934 年 4 月 5 日创刊
创刊地点：上海
编　　辑：林语堂
高　　度：27cm

《人间世》1934年4月5日创刊于上海，为文学半月刊，1935年12月20日第42期后停刊。停刊原因是与良友图书公司的合同到期。该刊以提倡小品文之创作为宗旨，“（因）包括一切，宇宙之大，苍蝇之微，皆可取材，故名为‘人间世’”。本刊是林语堂继《论语》之后创办的第二份杂志，为民国时期非常重要的一份文学刊物，其文章内容庞杂，所涉极为丰富，故而该刊对于研究民国时期的文学、文学家与社会均有极大的助益。馆藏5期。

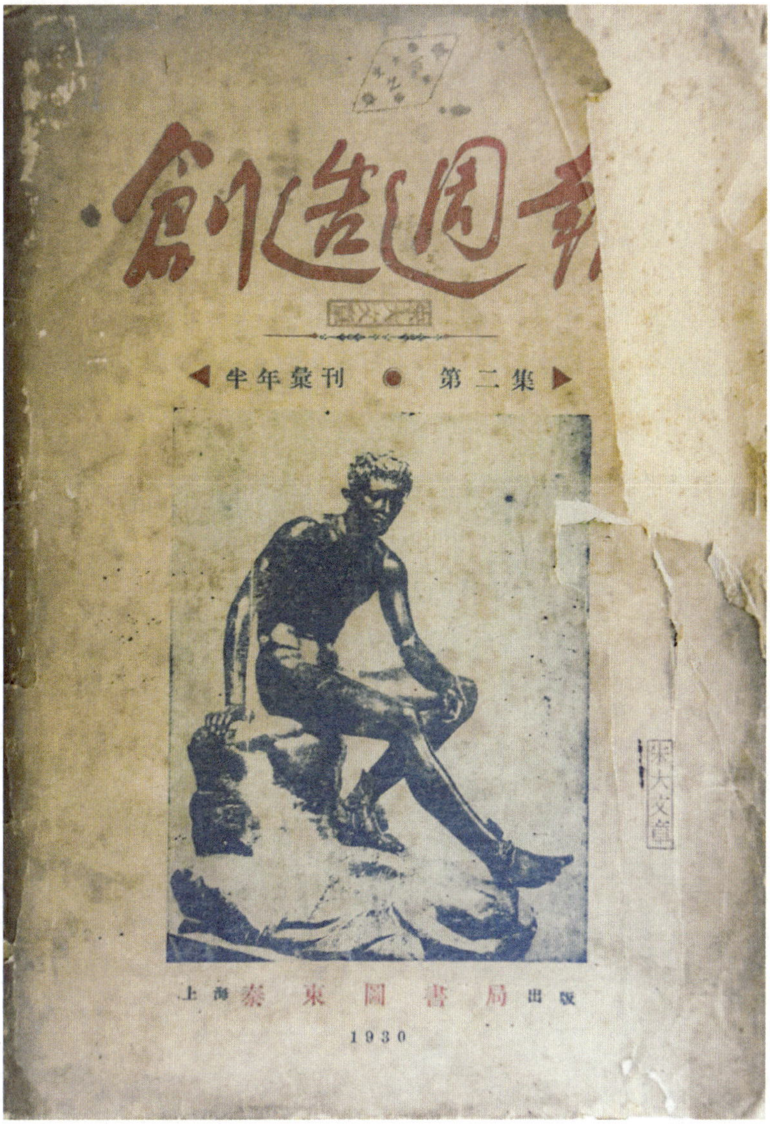

创造周报

1923 年 5 月 13 日创刊
创刊地点：上海
编　　辑：创造社
高　　度：26cm

《创造周报》是创造社继《创造》季刊之后主办的又一文学刊物。1923年5月13日创刊于上海，为月刊，由成仿吾、郭沫若、郁达夫等轮流编辑，1924年5月19日终刊，共52期。该刊是以文艺批评和翻译为主要内容的一份文学期刊，1928年元旦复刊。馆藏1期。

中流

1936年9月5日创刊
创刊地点：上海
编　　辑：黎烈文
高　　度：26cm

《中流》1936年9月5日创刊于上海，为文学半月刊，1937年8月被迫停刊，共出22期。该刊是一本有较大影响的左翼文学刊物，可以从中了解到当时左翼文学的发展状况，对研究左翼文学和中国文学均有重要意义。此外，对于研究作家个人与作家群体，该刊亦有重要意义。该杂志结合现实斗争，在宣扬民主、抗战方面，也起了较大作用。馆藏8期。

新时代月刊

1931 年 8 月创刊
创刊地点：上海
编　　辑：新时代月刊社
高　　度：19cm

《新时代月刊》1931年8月创刊于上海，停刊于1934年2月，复刊于1937年1月，停刊于1937年4月。亦名《新时代》，为月刊。该刊载文内容以文学创作为主，兼顾评论、译作、国内外文坛消息等，作为文学领域的一个平台，让许多作家和报人在其中发表新观点，刊登新作品，宣扬新思想并发展新文学，对于今天研究近代文学史和社会史有重要的意义。馆藏3期。

自由中国

1938 年 4 月创刊
创刊地点：汉口
编　　辑：自由中国社
高　　度：24.4cm

《自由中国》1938年4月创刊于汉口，为月刊。1938年6月20日休刊，1940年10月1日在桂林复刊，期数重新计算并改为文艺月刊，1942年5月1日出版第2卷1、2期合刊后停刊。该刊从创刊到停刊再到复刊，过程坎坷，但所刊载文章质量一直保持在上乘水准。其中臧克家、碧野等描写战地生活的报告文学，杨朔、丁玲等为毛泽东、朱德等革命领导人进行的特写，从多个角度为我们还原了一个更加鲜活的战场。对于研究近代战时文学发展情况和战时文化问题提供了珍贵的史料。馆藏3期。

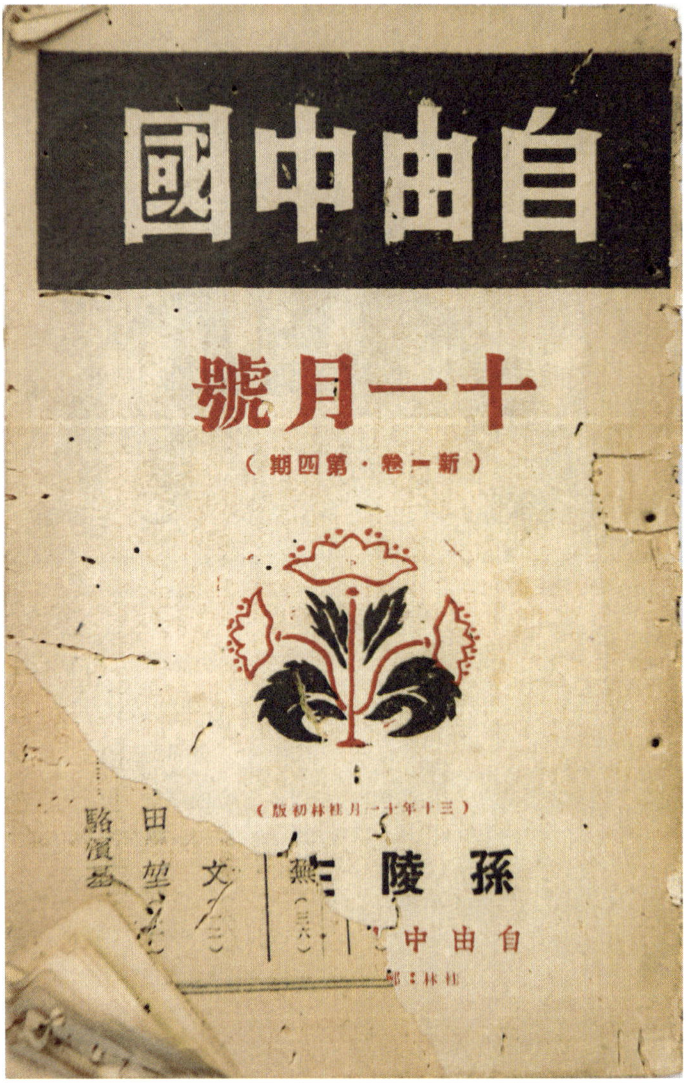

学生文艺丛刊

1923 年 8 月创刊
创刊地点：上海
编　　辑：学生文艺丛刊社
高　　度：18.3cm

《学生文艺丛刊》1923年8月在上海创刊，共8卷，前7卷每卷10期，第8卷6期，1936年停刊，属于学生文艺月刊。该刊物传播新文化，适合学生阅读，在当时学生中有较大影响，进步意义明显。同时该刊也是现代报刊史上不多的刊行10年以上的刊物，对于了解当时新文学的传播以及学生思想状况很有价值。馆藏5期。

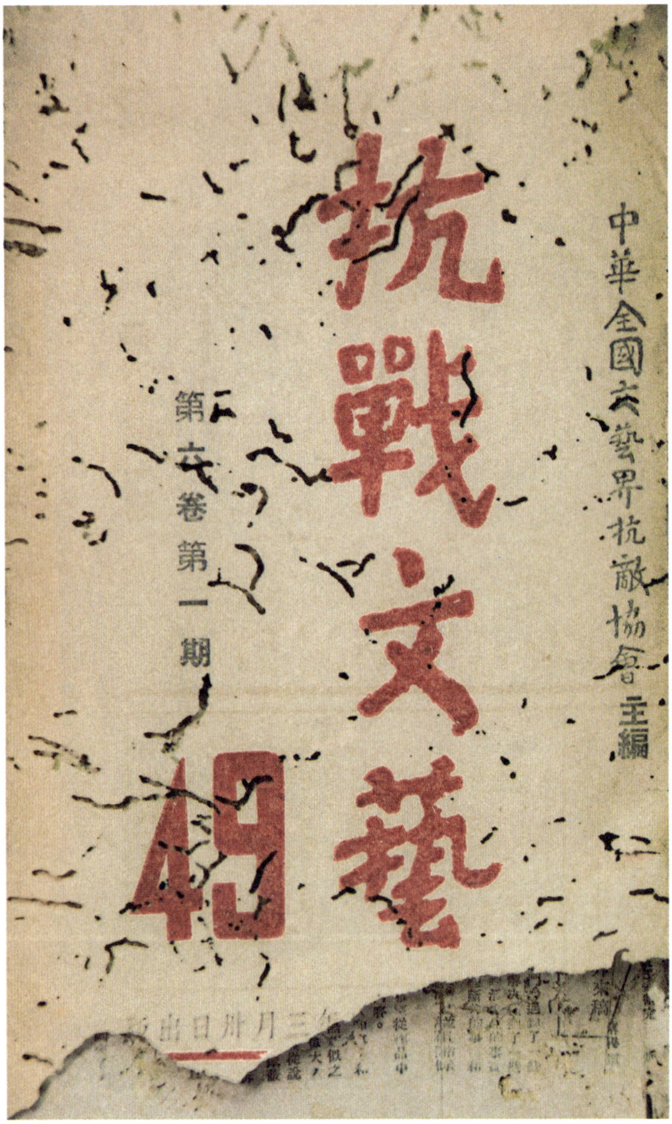

抗战文艺

1938 年 5 月 4 日创刊
创刊地点：汉口
编　　辑：抗战文艺社
高　　度：26cm

《抗战文艺》1938年5月4日在汉口创刊，在汉口出版期间曾为三日刊、周刊。1938年10月8日《抗战文艺》迁往重庆继续出版，始为周刊，后改半月刊、月刊，停刊于1946年5月第10卷第6期，共计出版72期。该刊的宗旨是想把整个文艺运动作为文艺的大众化运动，使文艺深入到抗战大众中去，并采取创作与评论并重的编辑方针，重视文艺消息的报道和敌后根据地、沦陷区文艺动态的交流，为抗战文化史、文艺史的研究保存了丰富的有价值的资料。馆藏8期。

学衡

1922年1月创刊
创刊地点：南京
编　　辑：学衡杂志社
高　　度：25.6cm

《学衡》1922年1月创刊于南京，属于社科学术刊物。第1至第60期为月刊，第60期后停刊1年，复刊后自第61期起改为双月刊，至第72期后又停刊1年，至第75期后第三次停刊1年。第三次复刊后所出版的最后4期已成为不定期出刊，1933年7月终刊，共出版79期。该刊的宗旨是："论究学术，阐求真理，昌明国粹，融化新知。以中正之眼光，行批评之职事。"这是一本反对新文化运动的刊物，是"学衡派"的重要活动阵地，在当时保守派中影响较大。馆藏5期。

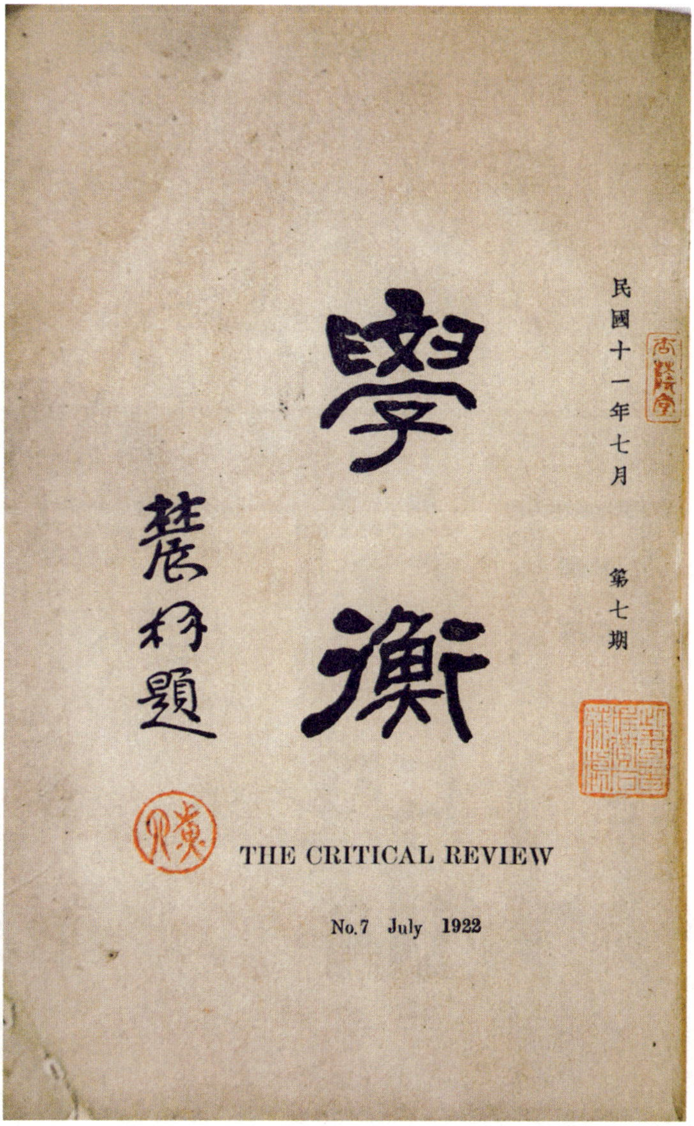

前锋月刊

1930年10月创刊
创刊地点：上海
编　　辑：前锋月刊社
高　　度：20.5cm

《前锋月刊》1930年10月创刊于上海，是由"民族主义文艺运动者"所创办的文艺类月刊，属于前锋社的机关报，与国民党当局关系密切。作为帮助国民党当局宣扬其"民族主义"的文艺类刊物，一经刊行就发表了大量相关文章，并被当时的左翼文学家所批判。其中的不少文章都体现了其披着鼓吹民族扩张主义的外衣，而在帝国主义者面前采取民族投降主义的实质，对于研究近代文学发展及思想斗争提供了较为珍贵的研究材料。馆藏4期。

■ 文艺阵地

1938 年 4 月创刊
创刊地点：汉口
编　　辑：文艺阵地社
高　　度：25.8cm

《文艺阵地》1938年4月在汉口创刊，后迁至重庆出版，属于文学类半月刊，1940年4月16日第4卷第12期后改为月刊，共出63期。该刊是中国左翼作家联盟创刊的重要刊物，发刊连续，其所刊登的有关抗战文艺的经典作品为我们研究抗战时期左翼作家的文学创作提供了丰富的参考资料，同时也为了解这一时期左翼作家联盟的文艺政策提供了史料依据。馆藏13期。

青年文艺

1942 年 10 月 10 日创刊
创刊地点：桂林
编　　辑：葛琴
高　　度：26.3cm

《青年文艺》1942年10月10日创刊于桂林，属于文艺双月刊，内容主要集中在对文学的讨论，是以“灌输文学知识，推荐新人作品”为宗旨。该刊在1944年4月1日出版新一卷，出版地由桂林改为重庆，在原本注重灌输文学知识、推荐新人作品的基础上，加大了对国内外名家作品的关注度。该刊对于民国时期文学批评史的研究具有一定程度的史料参考价值，同时对西方名著的评述也有助于民国中西方文学观念的研究。馆藏4期。

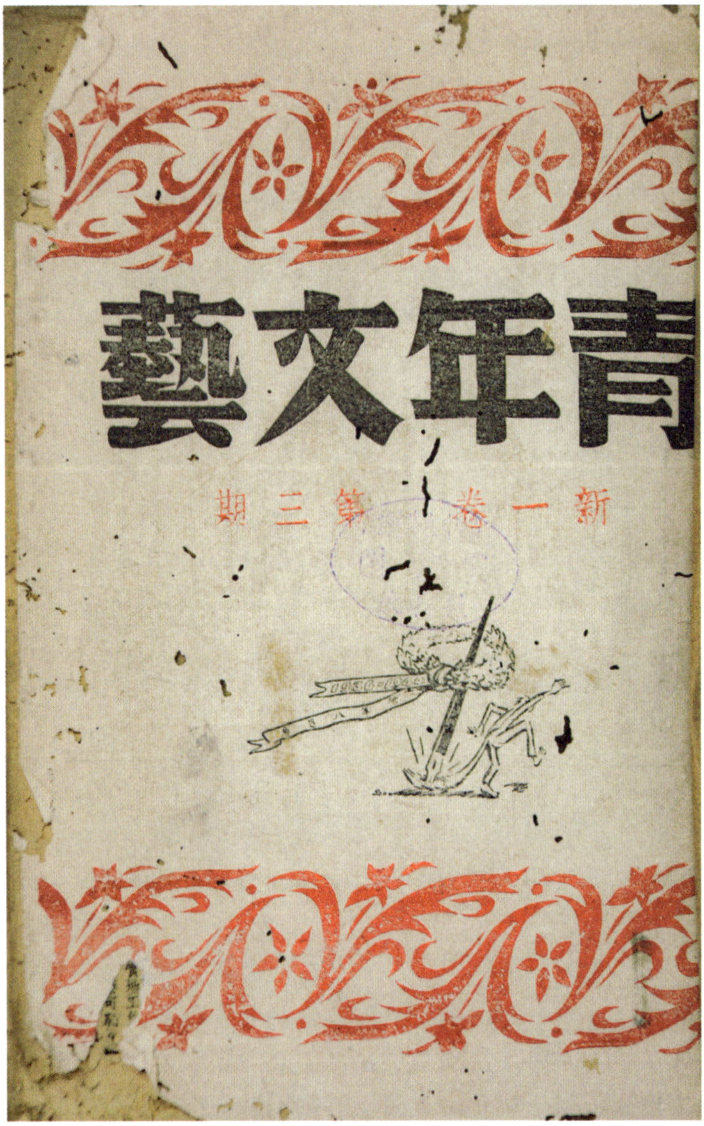

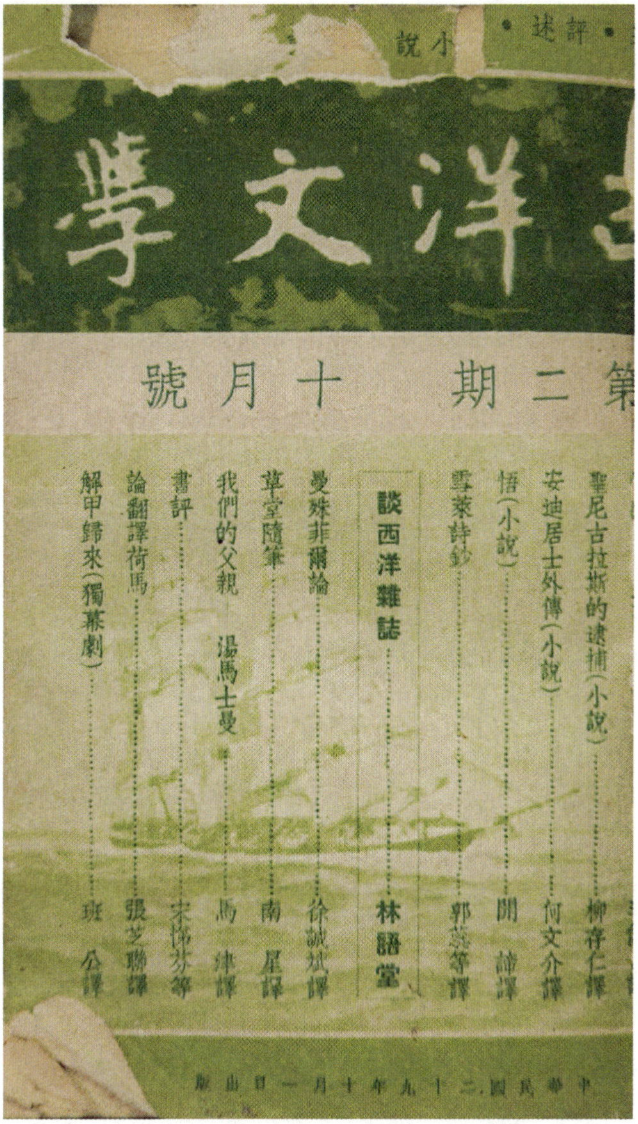

■ 西洋文学

1940 年 9 月 1 日创刊
创刊地点：上海
编　　辑：西洋文学社
高　　度：21.8cm

《西洋文学》1940年9月1日创刊于上海公共租界，为文学月刊。该刊的宗旨为翻译、介绍西洋文学，把西洋古代和近代最好的文学作品介绍给读者。内容有小说、诗歌、批评、散文、戏剧、传记、名著选译、书评以及有关西洋文学的论著等。该刊的出版有助于国内文学的发展，对研究民国时期的翻译史具有一定的参考价值。馆藏3期。

文艺生活

1941 年 9 月创刊
创刊地点：桂林
编　　辑：司马文森
高　　度：26cm

《文艺生活》于1941年9月创刊于桂林，属于文化类月刊，曾在桂林、香港两地出版，1943年第3卷第6期后被国民党查封停刊。1946年复刊“光复版”，此后一直出版至中华人民共和国成立后，前后出版九年，是一部带有明显左翼色彩的文化类刊物。其中刊载的文艺作品，对于民国革命文学史的研究，具有一定程度的史料参考价值。馆藏6期。

时与潮文艺

1943 年 3 月 15 日创刊
创刊地点：重庆
编　　辑：孙晋三
高　　度：25.1cm

《时与潮文艺》1943年3月15日在重庆创刊，停刊于1946年5月15日，文学双月刊、月刊，共出25期。作为抗战后期重庆文坛一份重要的文学期刊，其创作的小说在人性主题上进行了深度的挖掘和多样性的展示，不仅吸引了一批知名作家为其撰稿，更为大批青年作家提供了创作园地。该刊的出现推动了中国抗战后期文坛的发展。馆藏8期。

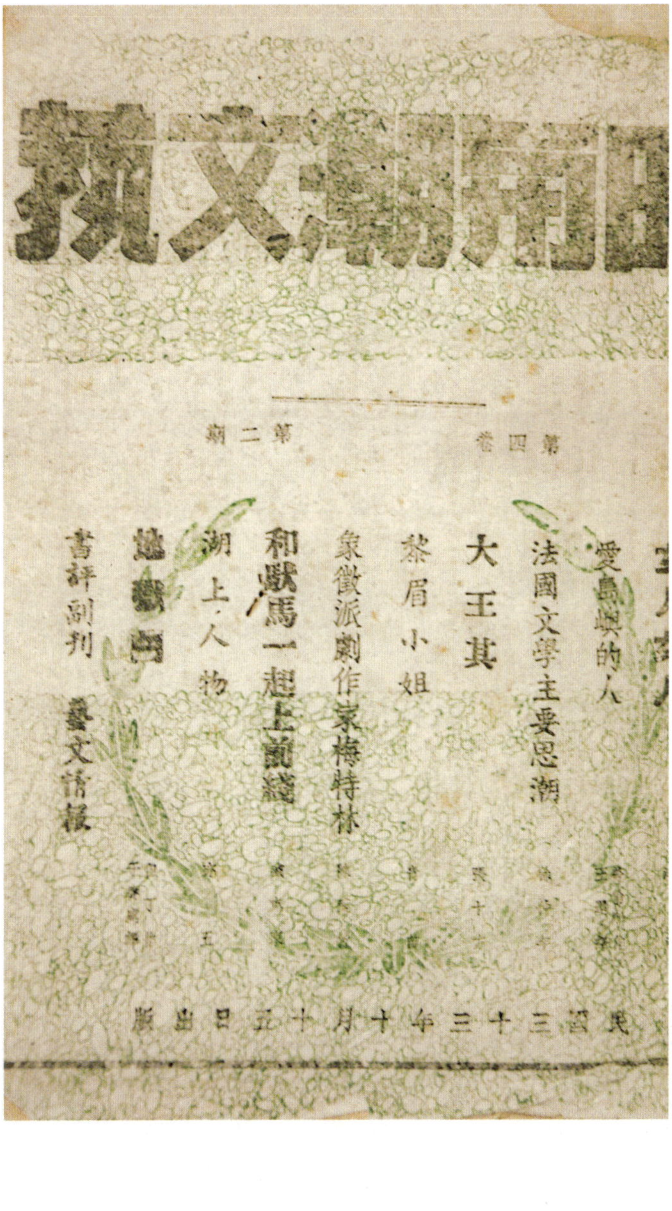

时与潮

1938 年 4 月创刊
创刊地点：武汉
编　　辑：时与潮社
高　　度：26.3cm

《时与潮》1938年4月在武汉创刊，为时事评论半月刊。1938年第1卷第5期起迁重庆出版，1946年2月第24卷第6期后曾停刊，1946年12月在上海复刊，1949年2月终刊，共出版33卷。该刊明确断言“团结”是抗日战争胜利的根本，并把这种团结比作伟大的洪流，这对唤醒民众、凝聚精神、树立信心甚至对整个抗日战争都将起到积极的指导作用。该刊出版时间长，内容广泛，是研究抗日战争与解放战争时期国内外舆论与时局的重要刊物之一。馆藏6期。

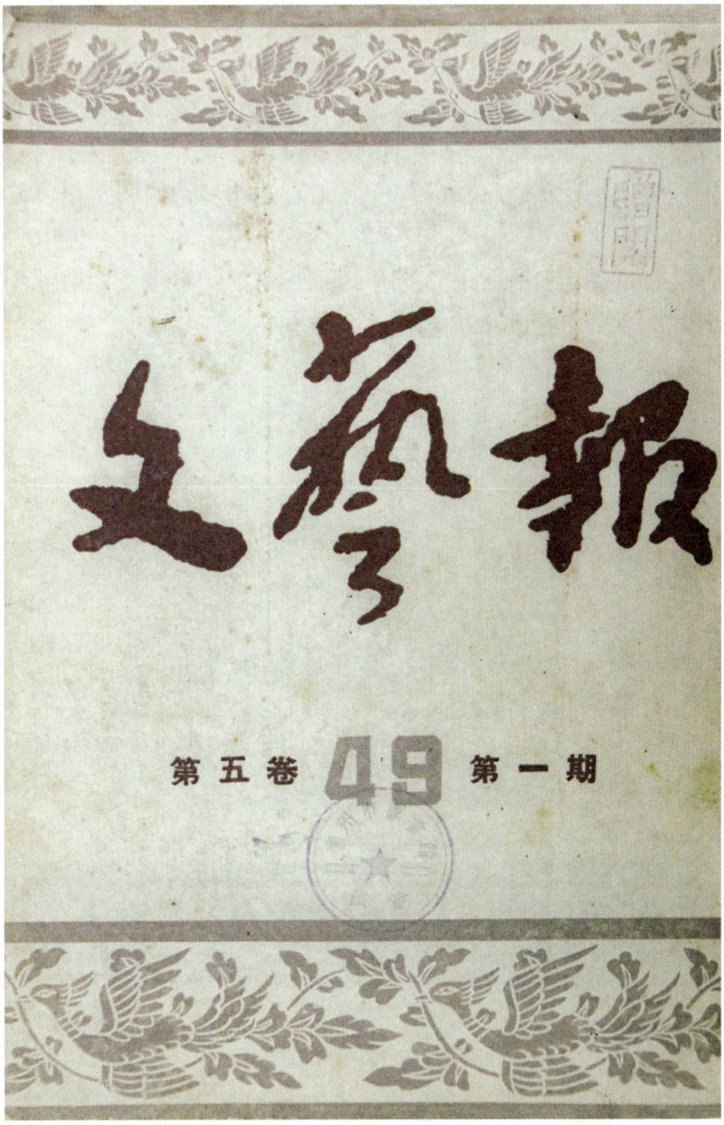

文艺报

1949年5月4日创刊
创刊地点：北平
编　　辑：文艺报编辑委员会
高　　度：26cm

《文艺报》1949年5月4日创刊于北平，属于文艺周刊。该刊旨在成为交流经验、交换意见、报道各地文学艺术活动的情况、反映群众意见的工具。主要内容为报道筹委会工作进行情况，并指出全国性文艺作家协会的任务、组织、工作方式，推荐近年来优秀文艺作品。该刊是了解解放前夕我国文艺互动以及社会文化状况的资料参考，同时也是了解当时社会文化理念、文艺创作理念以及各地文艺活动具体情况的重要刊物。馆藏21期（民国后版）。

中苏文化

1936年5月创刊
创刊地点：南京
编　　辑：中苏文化协会
高　　度：26cm

《中苏文化》1936年5月在南京创刊，为月刊。1937年10月后改出抗战特刊，为半月刊，卷期另起。自1937年12月特刊第1卷第3期起迁汉口出版，自特刊第2卷1938年起迁重庆出版，自1946年第17卷起兼出沪版、渝版，1946年10月迁回南京出版，停刊于1949年9月。该刊旨在“促进中苏两国间文化学习与交流，加深两国的友谊和合作，使中苏关系日益密切而谅解”，有俄文并列题名，属于文化交流刊物。馆藏12期。

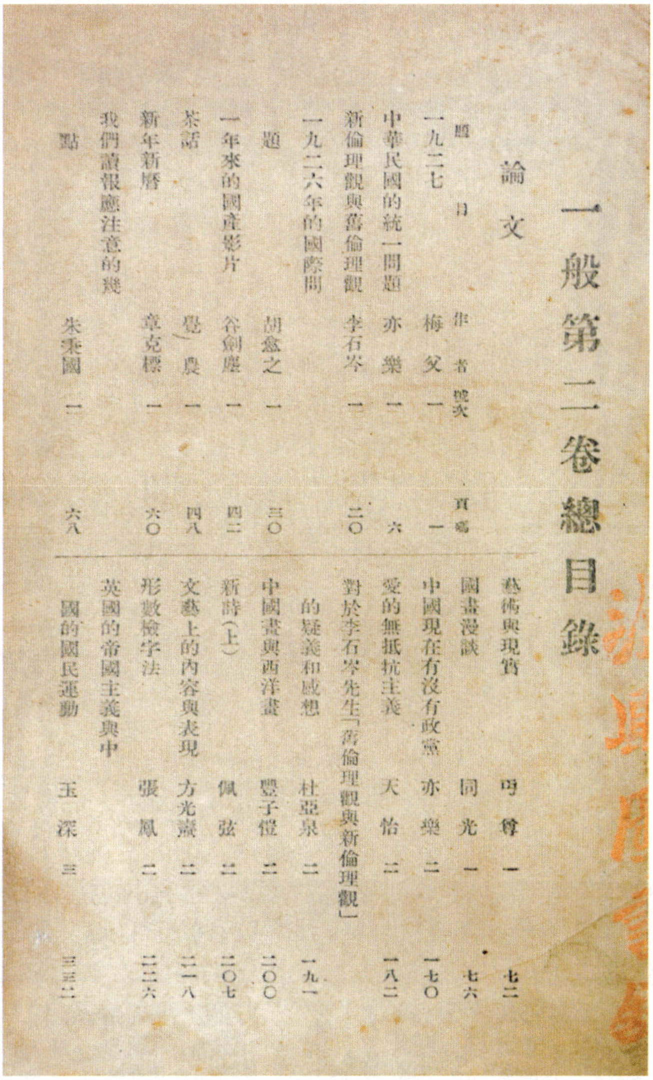

■ 一般

1926 年 9 月创刊
创刊地点：上海
编　　辑：立达学会
高　　度：20.3cm

《一般》于1926年9月在上海创刊，属于综合类文化月刊。第1—2卷由夏丏尊主编，第3卷起由方光焘主编，1929年12月5日出版至第9卷第4期终刊。《一般》自称为“公开的、超然的、民众化的出版物”，该刊宗旨是“对于各种主义，都用平心比较研究，给一般人作指导，救济思想界混沌的现状”，为一般人介绍学术，同时还注重趣味。该刊由立达学会同仁负责编辑，还有许多著名作家、科学家为之撰稿。该刊内容主要是文学和时事政治，涉猎广泛，涵盖文学、教育学、心理学等诸多学科知识，在当时社会产生了较大的影响力。馆藏3期。

读书月刊

1930 年 10 月创刊
创刊地点：上海
编　　辑：读书月刊社
高　　度：18.3cm

《读书月刊》1930年10月在上海创刊，属于综合性月刊。主要栏目有“介绍与批评”“作家论”“出版界消息”“文坛消息”“爱的关照”“谜样的四川”等。该刊旨在沟通出版界与读书界，介绍优良的书报，成为青年朋友的好伴侣。馆藏10期。

■ 读书月报

1939 年 1 月创刊
创刊地点：重庆
主　　办：生活书店
高　　度：24.5cm

《读书月报》1939年1月在重庆创刊出版，属于自学月刊。该刊以“帮助青年自主学习，推进战时学术”为宗旨。该刊主要以介绍读书学习方法经验、评论书报内容、解答学习生活中的各种疑问、报道战时文化动态、刊载全国新书月报及报纸杂志等内容为主。1941年2月该刊两周年之际终刊，共出23期。馆藏9期。

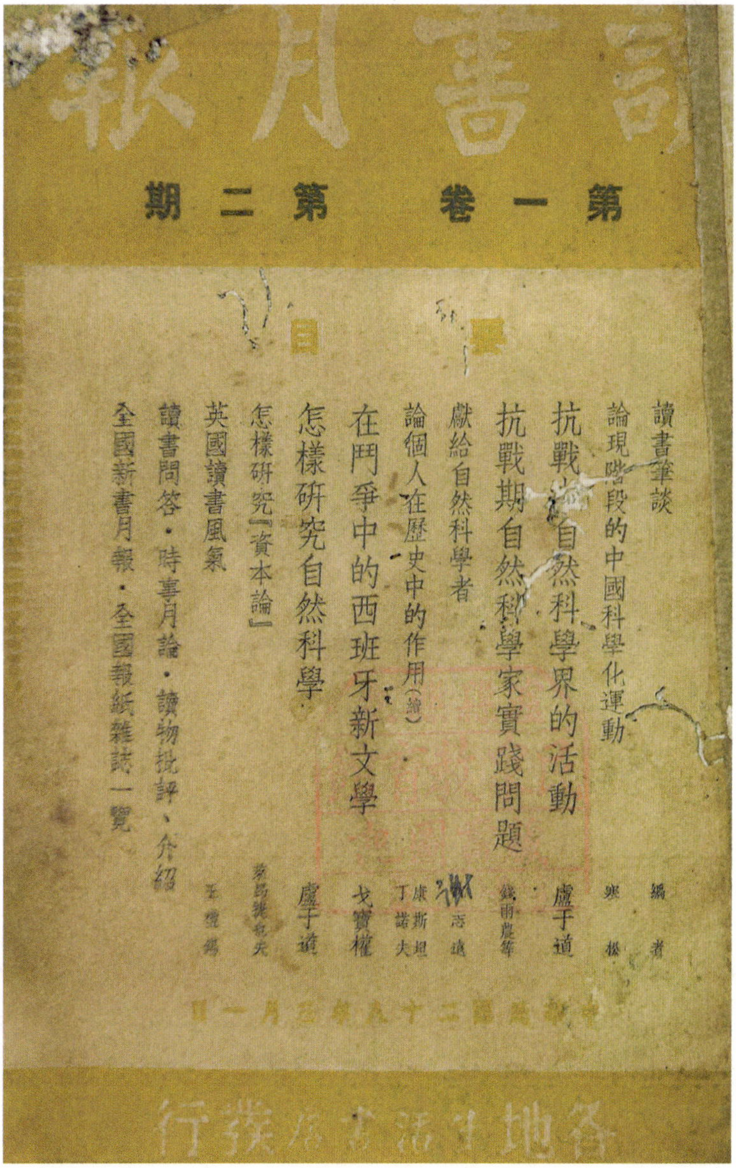

■ 光明

1936 年 6 月 10 日创刊

创刊地点：上海

编　　辑：洪深、沈起予

高　　度：25.8cm

《光明》1936年6月10日创刊于上海，为半月刊，到1937年8月终刊，共出3卷29期。该刊主要发表反映抗战救亡生活的作品，并积极提倡文化救亡，唤起民众的激情和热血，参与到民族救亡的事业中去。该刊集中了上海民国作家的优秀作品，他们的作品贴近民众生活，关注国家军事动态，是一份爱国刊物，具有重要的研究价值。馆藏5期。

■ 太白

1934 年 9 月 20 日创刊
创刊地点：上海
编　　辑：陈望道
高　　度：26cm

《太白》1934年9月20日在上海创刊，为半月刊。1935年9月5日停刊，共出2卷24期。该刊以普及科学、推行大众文化为办刊宗旨，将科学与文学联合起来进行创作，较好地推动了当时科学知识的大众化传播，同时也是“文艺大众化”的实践路径之一，该刊对于研究科学小品文章的形成与发展具有重要史料价值，同时也为了解当时的文艺大众化和大众语言的推广情况提供了有用的佐证资料。馆藏15期。

水星

1934年10月创刊
创刊地点：北平
编　　辑：文学季刊社
高　　度：25cm

《水星》1934年10月创刊于北平，属于文学类月刊，是《文学季刊》的副刊，于1935年6月10日出版第2卷第3期后停刊。作为一个纯文学刊物，京派特点极为鲜明。它的艺术追求和进步倾向，在当时北平沉闷的政治空气中影响广泛，上面很多文章真实地再现了当时的社会状况，且具有较高的文学性、艺术性，对民国文学史研究具有较为重要的史料参考价值。馆藏6期。

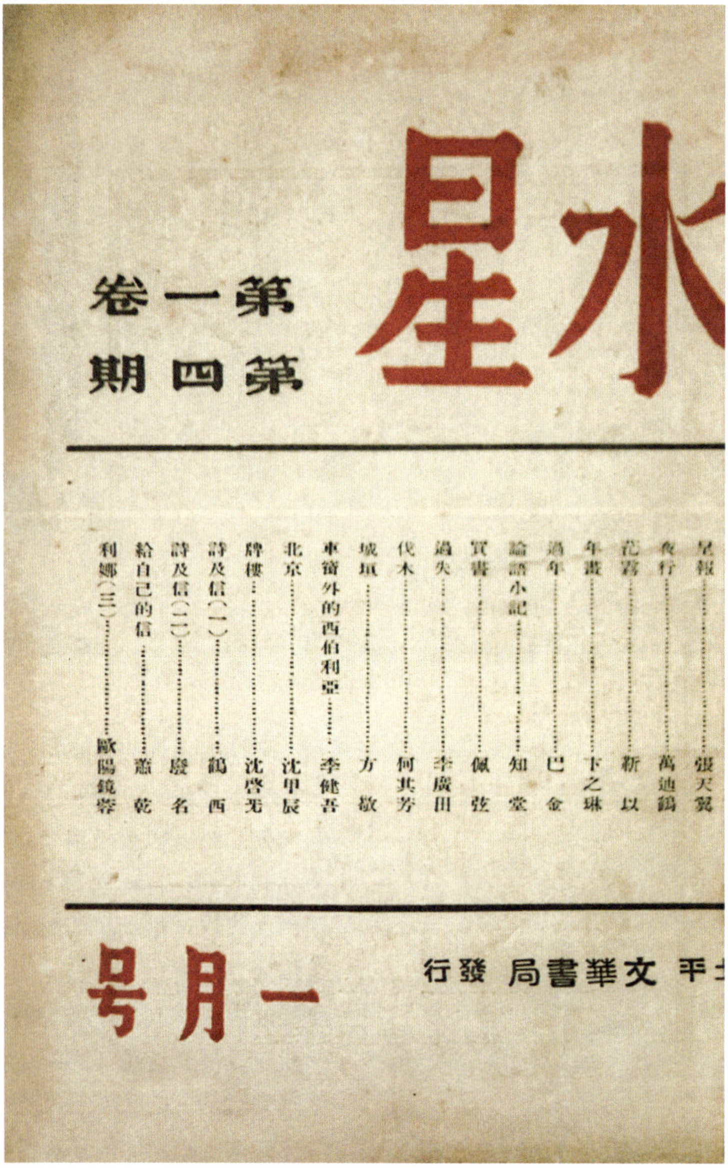
水星
第一卷
第四期
星報……張天翼
夜行……萬迪鶴
花霧……靳以
年畫……卞之琳
過年……巴金
論語小記……知堂
買書……佩弦
過失……李廣田
伐木……何其芳
城垣……方敬
車窗外的西伯利亞……李健吾
北京……沈甲辰
牌樓……沈啓无
詩及信（一）……鶴西
詩及信（二）……廢名
給自己的信……蕭乾
利娜（三）……歐陽鏡蓉
平文華書局發行
一月号

■ 现代

1932 年 5 月创刊
创刊地点：上海
编　　辑：施蛰存、杜衡等
高　　度：26cm

《现代》于1932年5月在上海创刊，属于文学月刊，一共出版了6卷34期。该刊奉行“文学作品的本身价值”的刊稿标准，为中国左翼作家联盟的机关刊物。鲁迅、郭沫若等作家都在该刊发表过作品。此外，刊物还有计划地发表过一批有关新文学社团与作家的重要史料，为现代文学的繁荣发展提供了广阔的园地，培养并造就了中国现代文学中第一个比较成熟的现代主义流派，在文学界产生过较大的影响。馆藏3期。

现代文艺

1940 年 4 月创刊
创刊地点：永安
编　　辑：改进出版社
高　　度：26.1cm

《现代文艺》1940年4月创刊于福建永安，至1942年12月第6卷第3期停刊，共发行6卷33期。该刊初由改进出版社编辑发行，自1942年第4卷第4期起由靳以担任主编，属于抗战文艺月刊。作为抗战时期比较重要的文学刊物之一，该刊在极其困难的情况下，力图通过自己艰苦的工作，保留一个伟大民族在苦斗中的血肉与呐喊，保留人类最善的希望。该刊呼吁中国的文艺工作者能够根据群众普遍文化程度低的国情，创作适合普通群众的文艺作品。馆藏8期。

小说月报

1910年8月创刊
创刊地点：上海
主　　办：商务印书馆
高　　度：25cm

《小说月报》创刊于1910年8月，1931年12月出至第22卷第12号终刊，第23卷新年号毁于淞沪会战，属于大型文学月刊。该刊以“兼收并蓄，不论观点、风格之各异”为宗旨，出版历时20余年，是中国现代文学史上寿命最长的纯文学刊物。且该刊跨越近、现代两个时期，前后风格明显不同。前期主编及大部分撰稿人均属旧派文人，被归入鸳鸯蝴蝶派刊物。而后成为新文学刊物，是当时唯一一个旧派文学期刊通过“革新”转型成为新文学期刊，也是中国现代文学最重要的文学团体之一的文学研究会的代会刊。馆藏12期。

■ 戏剧新闻

1938年5月15日创刊
创刊地点：汉口
编　　辑：戏剧新闻社
高　　度：26.3cm

《戏剧新闻》于1938年5月15日在汉口创刊，属戏剧周刊。该刊为中华全国戏剧界抗敌协会会报，号召戏剧工作者投身抗战宣传工作，扩大抗战戏剧活动阵地，刊物上发表戏剧评论、通讯、剧本。该刊对话剧《李秀成之死》从排练到上演做了比较详细的介绍。同时还报道全国各地抗敌剧团活动情况，交流工作经验，介绍戏剧界人物和刊载田汉、陈立夫、老舍等撰写的文章。馆藏2期

新演剧

1937年6月创刊
创刊地点：上海
编　　辑：新演剧半月刊社
高　　度：26cm

《新演剧》1937年6月在上海创刊，属于戏剧半月刊。1937年8月停刊，共出刊1卷5期。1938年5月迁汉口复刊，卷期另起，复刊号有英文并列题名*New Theater*，至1938年6月停刊时共出新1卷3期。1940年6月迁重庆继续出版1期，后由于国民党当局的压迫而停刊。1951年8月在北京复刊，仅出了1期。该刊以研究戏剧理论与话剧、电影的表演、剧本创作为主，着重介绍外国戏剧特别是苏联戏剧的成就与经验，在一定程度上反映了抗日战争时期中国戏剧的相关情况。馆藏1期。

图书季刊

1934 年 3 月创刊
创刊地点：北平
编　　辑：国立北平图书馆
高　　度：26cm

《图书季刊》1934年3月于北平创刊，为季刊。七七事变以后陆续迁至昆明、香港、重庆、上海等地出版。1939年3月起，卷期另起，1948年停刊。该刊属于学术刊物，分中文本、英文本及中英文合订本。该刊旨在向国内外人士传达学术界消息，促进中外学术交流。其学术性很强，留存了不少可供史学研究者进行研究的珍贵资料。馆藏1期。

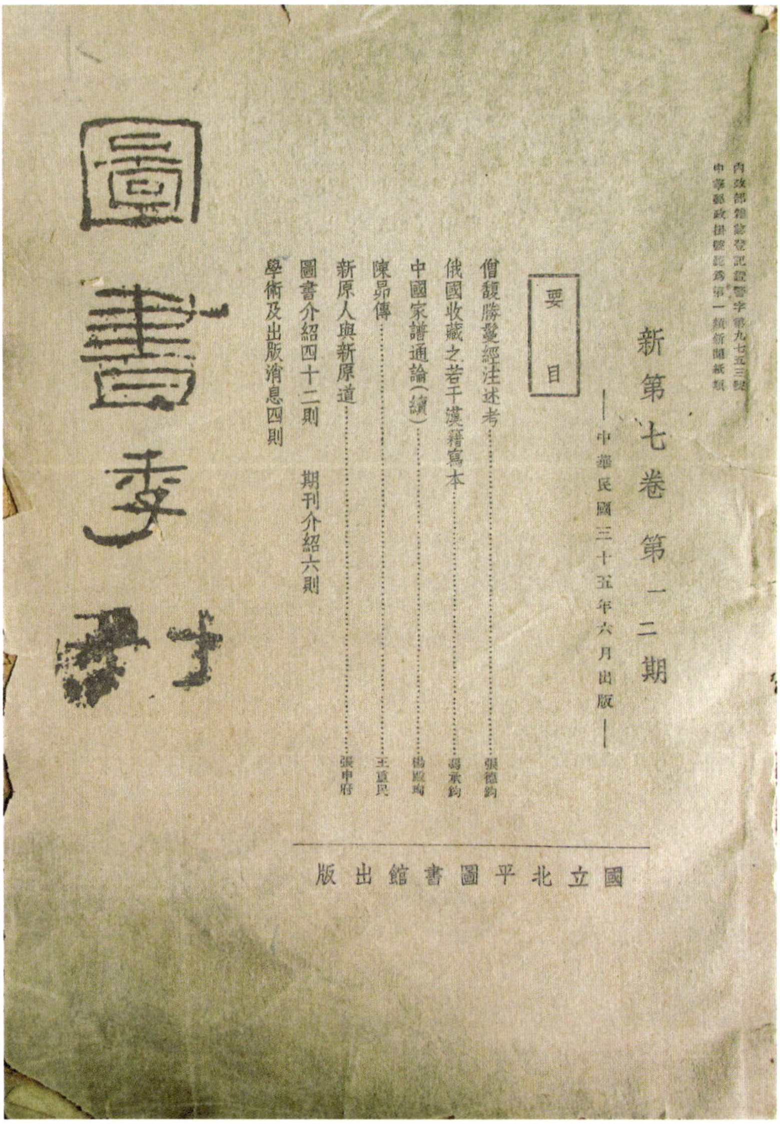

■ 人物杂志

1946 年 1 月创刊
创刊地点：重庆
编　　辑：人物杂志社
高　　度：25.8cm

《人物杂志》1946年1月在重庆创刊，于1952年1月停刊，属于人物月刊。该刊为张知章、蒋一苇等按照中共南方局指示所创办，是揭露黑暗、伸张正义的进步刊物。该刊旨在以科学的、客观的、批判的态度，对历史“人物”做一个正确评价，使读者从介绍的人物奋斗经历中得到启示。馆藏18期。

地学杂志

1910年2月创刊
创刊地点：天津
编　　辑：中国地学会
高　　度：23cm

《地学杂志》1910年2月创刊于天津，后迁至北京，初为月刊，后改为双月刊。该刊是我国现代地理学萌芽时期的重要文献。1923年6月被迫停刊，1924年秋复刊，改为季刊。1924年12月再次停刊，1928年恢复出版，直至1937年3月停刊。其刊行期间，正值我国地学近代化转型时期，该刊在为我国古代舆地学逐步推向新地学的方向发展上起了重要作用，是我国现代地理学萌芽时期的重要文献。该刊也为我国地质学及其相关领域的研究和发扬做出了特殊贡献。馆藏62期。

旅行杂志

1927 年 3 月创刊
创刊地点：上海
编　　辑：中国旅行社
高　　度：26cm

《旅行杂志》1927年3月创刊于上海，属于综合类刊物。该刊早期为季刊，后于1929年第3卷改为月刊。作为上海银行旅行部创办的刊物，刊登了大量关于地方见闻的文章，对于读者来说无异于一本旅行指南。同时，该刊所刊登的交通里程数表和交通工具的价格表为研究者分析近代地方交通建设的情况提供了丰富的参考资料。该刊的显著特点是撰稿人均为民国时期享誉文坛的新闻界、小说界乃至政界的重要人物，在历史上曾有“铁路旅途之伴侣”的赞誉。1955年更名《旅行家》继续出版，是我国发行最长久的近现代期刊之一。馆藏13期。

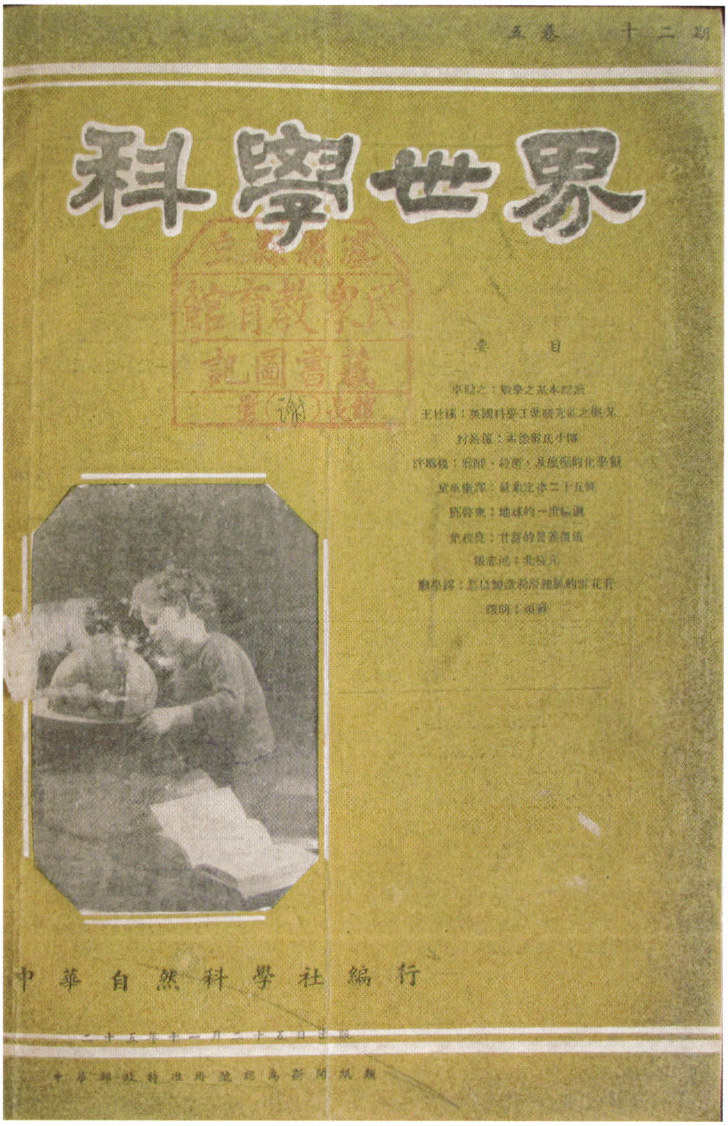

■ 科学世界

1932 年 11 月 15 日创刊
创刊地点：南京
编　　辑：中华自然科学社
高　　度：25cm

《科学世界》1932年11月15日创刊于南京，属于科普月刊。1937年6月发行至第6卷第7期停刊，1938年5月该社迁往重庆沙坪坝并复刊，刊期续前发行第7卷第1期，1945年抗战胜利后又迁回南京。该刊以“普及我国科学教育，介绍世界科学知识及发展我国科学事业”为宗旨，将国内外的科学新知传递给工科学术研究者、学生和市民大众，增进其科学见闻，提高我国的科学研究技术和知识水平，具有重要的研究价值。馆藏7期（另有部分残刊）。

科学月刊

1929 年 1 月 31 日创刊
创刊地点：上海
编　　辑：科学月刊社
高　　度：25cm

《科学月刊》1929年1月31日创刊于上海，属于科普月刊，是20世纪20年代末30年代初发行的科学综合类刊物。该刊主要刊载自然科学知识，内容涉及理论科学和应用科学，涉及的领域包含物理、生物、数学、医药、工艺等，能够展现当时国内外科学界的最新动态，对于我国的科学进步有着重要意义。馆藏9期。

科学

1915年1月创刊
创刊地点：上海
编　　辑：中国科学社
高　　度：26cm

《科学》1915年1月在上海创刊，后迁至重庆出版，抗战胜利后又迁回上海，停刊于1949年12月，期间因战争等也数次短暂停刊，属于科学月刊。该刊以传播世界科学知识，提倡科学精神为宗旨，是中国最早的综合性科学学术期刊，也是我国现代科学史上历时最长的综合性科学刊物。该刊主要内容为阐释科学的本质，介绍自然科学知识、科学方法、科学事业，以及科学推动社会发展的各种功能，促使国人的科学概念从朦胧走向清晰，促进全民族科学文化素养的提高。馆藏32期。

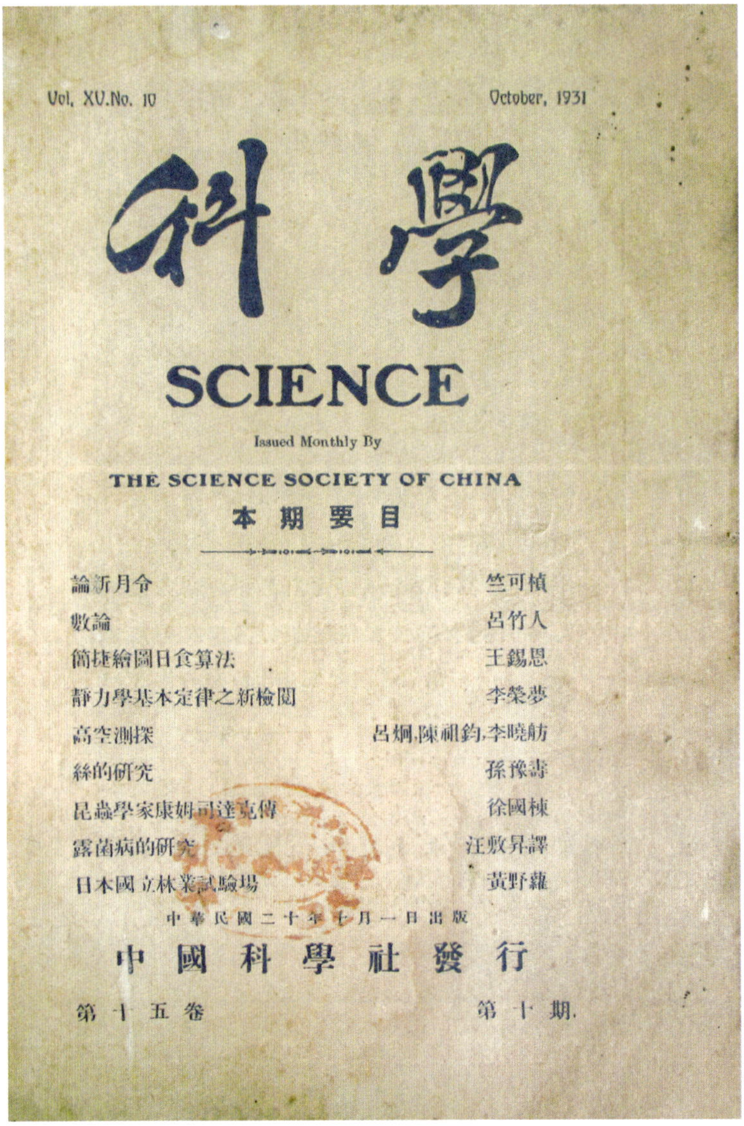

■ 科学的中国

1933 年 1 月创刊
创刊地点：南京
编　　辑：中国科学化运动协会
高　　度：25.8cm

《科学的中国》1933年1月创刊于南京，该刊为中国科学化运动协会主办的科学常识普及类刊物，为半月刊。该刊物旨在“研究及介绍科学之应用，引导国人研究科学，阐扬中国文化，继而达到中国科学社会化，社会科学化之目的”，所载文章以自然科学和应用科学为限，主要刊登介绍各种科学原理及推动科学化运动的文章。该刊是中国科学化运动中最具代表性的刊物，其发行对运动的推进起到了重要的作用。该刊也是研究20世纪30年代中国科学化运动的珍贵史料，具有较高的研究价值。馆藏12期。

■ 科学生活

1939 年 5 月 1 日创刊
创刊地点：上海
编　　辑：科学生活社
高　　度：25.8cm

《科学生活》1939年5月1日创刊于上海，属于综合类月刊。《科学生活》继承《科学大众》而来，最初由汤心豫、陶滔、马家驹、尚之一、邱应传、王安等人编辑，1939年8月第1卷第4期起改由科学生活社编辑。该刊主要刊载自然科学相关的理论知识、实践应用以及趣味故事，图文相配，文字可读性强。发表的文章一方面将科学与国家建设紧密联系，给国家的工程建设、科学发明提供新的思路与方向；另一方面，能够兼顾普通市民，将深奥的科学知识简单化，指导人们的生活实践，具有积极的意义。馆藏1期。

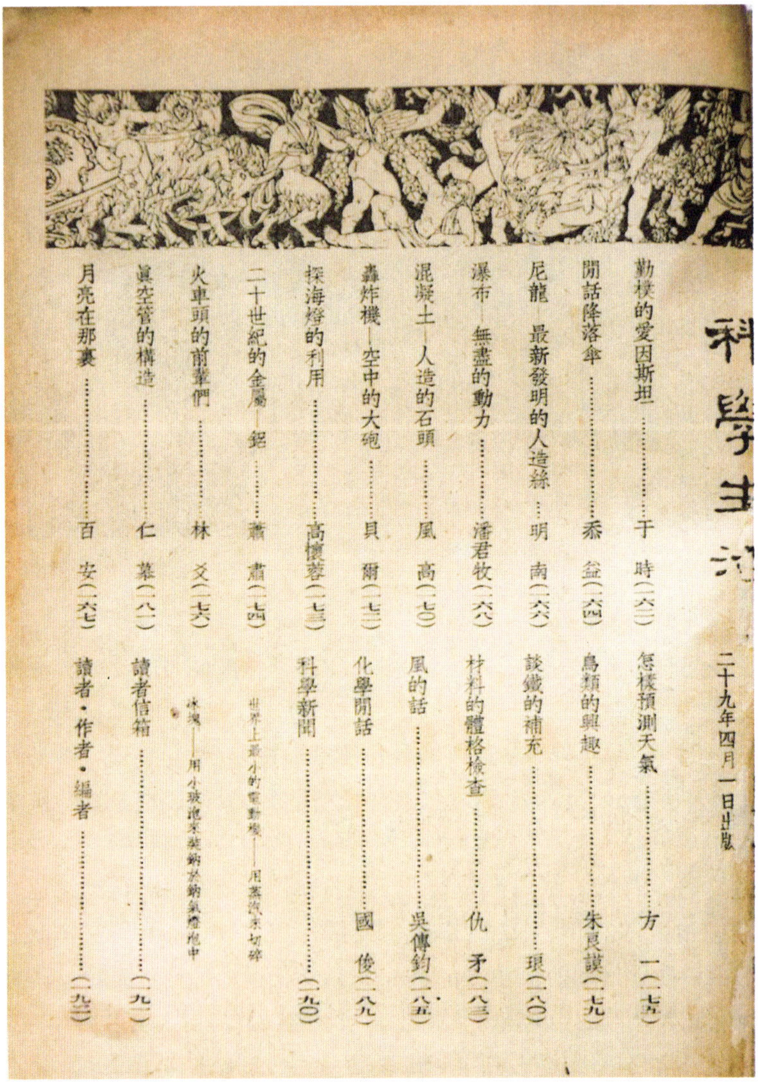
科學生活

二十九年四月一日出版

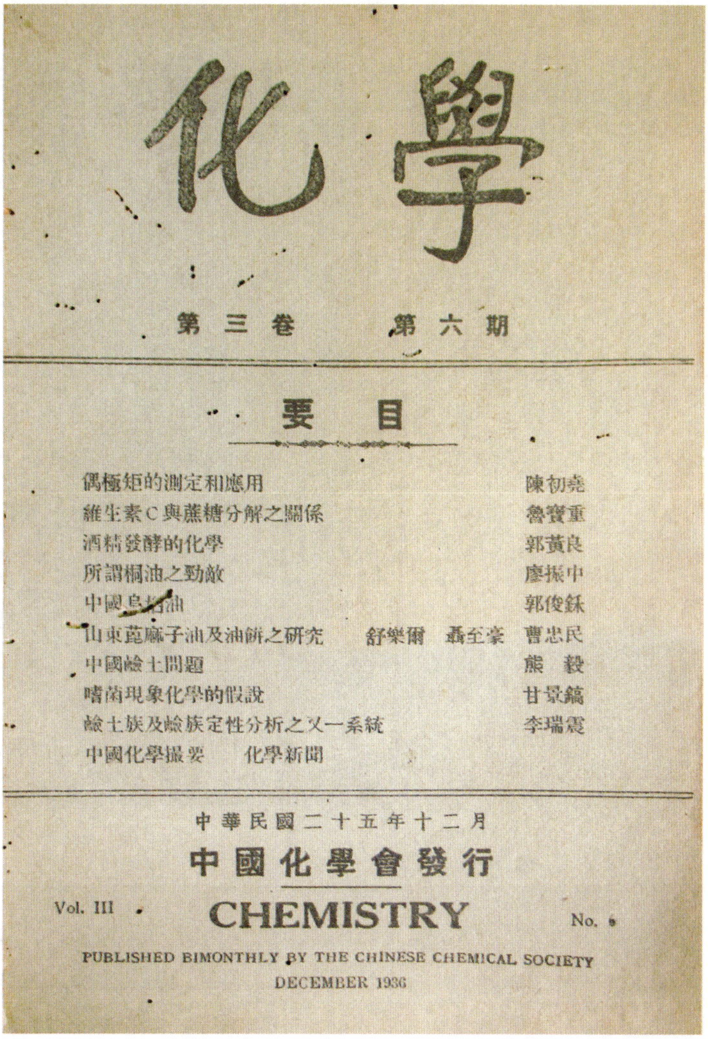
化學

第三卷 第六期

要目

偶極矩的測定和應用 陳初堯
維生素C與蔗糖分解之關係 魯寶重
酒精發酵的化學 郭黃良
所謂桐油之勁敵 廖振中
中國烏桕油 郭俊鉌
山東蓖麻子油及油餅之研究 舒樂爾 聶至豪 曹忠民
中國鹼土問題 熊毅
嗜菌現象化學的假說 甘景鎬
鹼土族及鹼族定性分析之又一系統 李瑞震
中國化學撮要 化學新聞

中華民國二十五年十二月
中國化學會發行

Vol. III CHEMISTRY No. 6

PUBLISHED BIMONTHLY BY THE CHINESE CHEMICAL SOCIETY
DECEMBER 1936

■ 化学

1934 年 1 月创刊
创刊地点：南京
编　　辑：中国化学会
高　　度：25cm

《化学》1934年1月由中国化学会在南京创刊，最早的总编辑是戴安邦，首届编委会由张江树、张资琪、曾召抡等13人组成。创刊初期主要报道近代化学发展概况、化学教育、化学新闻、国内化学工业、化学研究以及中国化学会会务等内容。创刊时为季刊，1936年改为双月刊。1937年，抗日战争爆发，出版3期后被迫停刊。1940年，由南京迁至重庆复刊，1943年自第7卷起，迁至成都。1945年抗日战争胜利，《化学》由成都迁至北京，1946年出版第10卷1期后迁回南京，1948年出版了第11卷1期。1950年5月，《化学》复刊号在北京出版，为月刊，后改名为《化学通报》，至今仍由中国化学会和中国科学院化学研究所主办出版。馆藏3期。

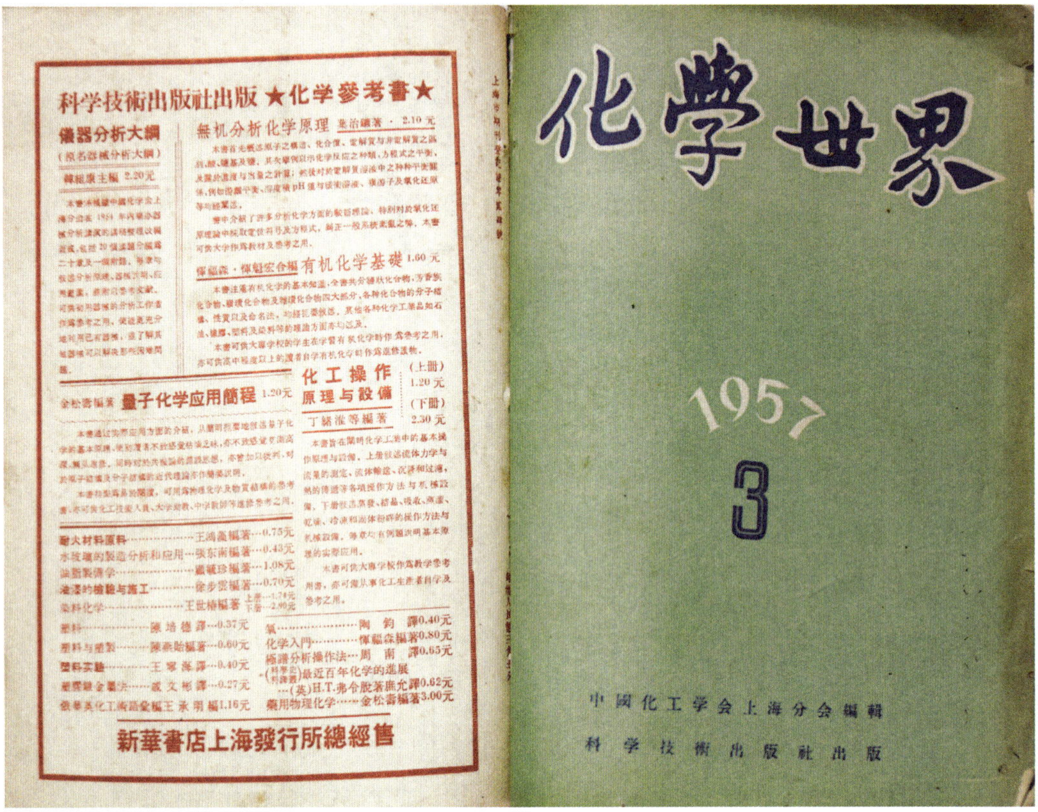

《化学世界》

1946 年 5 月创刊
创刊地点：上海
编　　辑：化学世界编委会
高　　度：24.5cm

《化学世界》1946年5月创刊于上海，是上海市化学化工学会主办的科技月刊，创刊初期为半月刊，1947年改为月刊，属于应用性化学化工技术类刊物。该刊旨在报道化学、化工的科研生产成果和经验交流，以促进科学技术发展，提高化工生产技术水平，为中国经济建设服务。馆藏9期（另有22期民国后版）。

自然界

1926 年 1 月创刊
创刊地点：上海
编　　辑：自然界社
高　　度：24cm

《自然界》1926年1月在上海创办，属于自然科学月刊，该刊首次明确提出“科学的中国化”的口号，秉持科学本土化的理念，进行了科学本土化传播的实践。该刊发表的文章重在调查和研究，主要登载关于自然物，自然现象及各地生物，地质、气候、雨量等方面的重要资料。该刊对于研究该时期的自然科学发展进程具有一定的资料参考价值。馆藏10期。

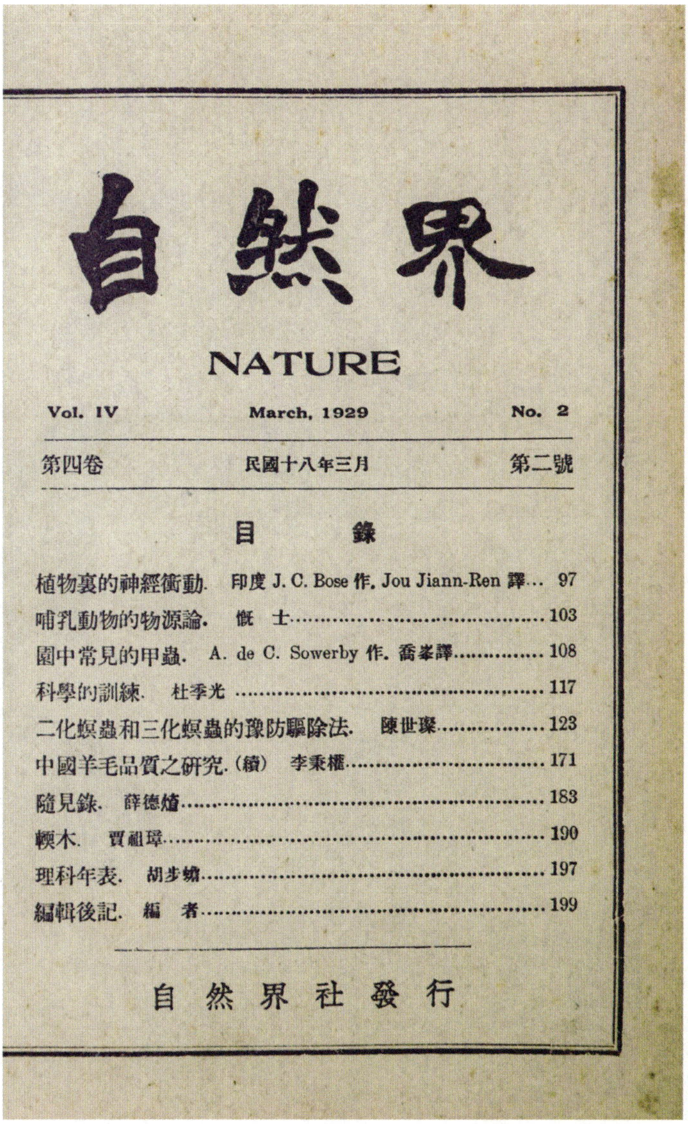
自然界

NATURE

Vol. IV　March, 1929　No. 2

第四卷　民國十八年三月　第二號

目　錄

自 然 界 社 發 行

康健杂志

1930 年 10 月 10 日创刊
创刊地点：上海
编　　辑：中华康健会
高　　度：26.3cm

《康健杂志》1930年10月10日创刊于上海，属于医学月刊。该刊宗旨为“指导卫生方法，介绍医药常识，使国民明白卫生康健的真正道路，减少疾病痛苦”。《康健杂志》作为民国时期在上海发行的医学卫生知识普及刊物，刊登了许多卫生常识和医学科普，不仅对提高当时民众的健康意识具有一定的促进作用，也是了解当时社会医学水平以及医学观念的重要途径之一。除此之外，刊中含有《中华康健会特约医师药师一览表》等内容，对研究中华康健会具有重要的资料价值。馆藏1期。

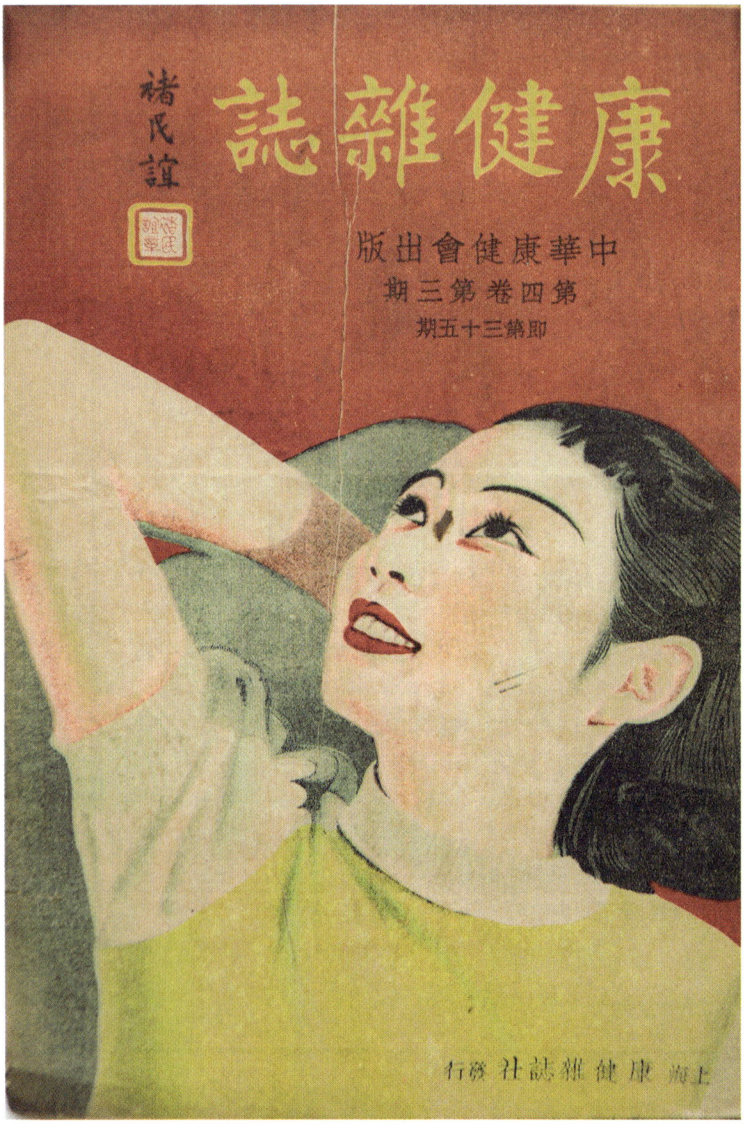

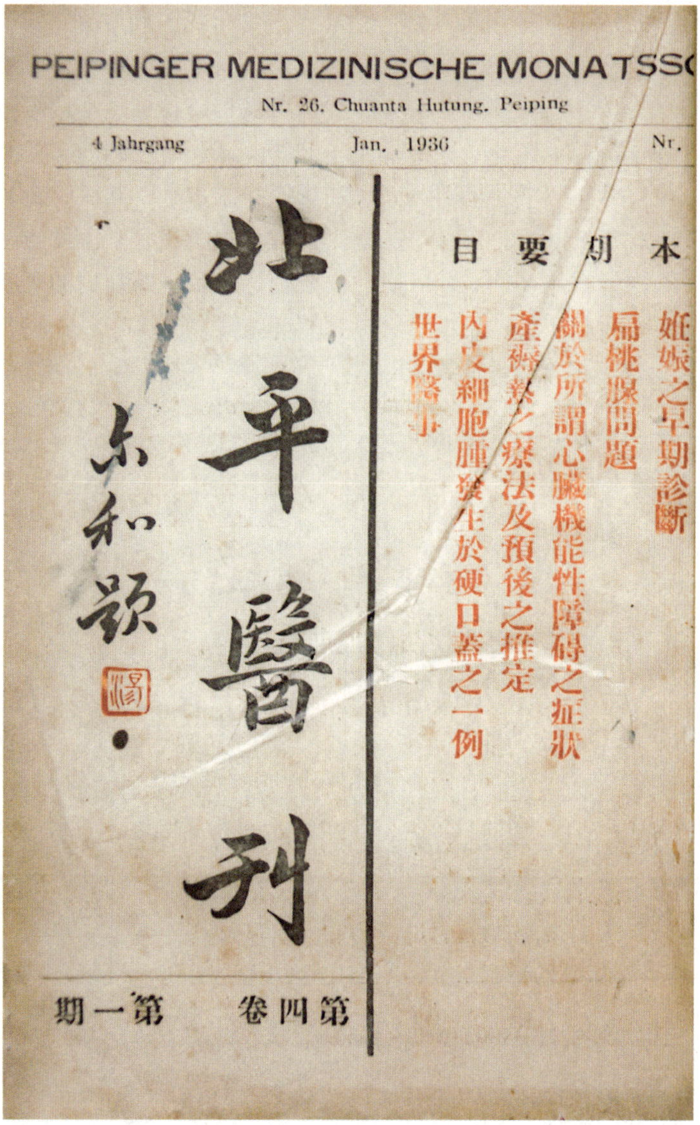

■ 北平医刊

1933 年 1 月创刊
创刊地点：北平
编　　辑：北平医刊社
高　　度：26.4cm

《北平医刊》于1933年1月在北平创刊，为月刊，1937年7月受战事影响停刊，属于医药专业科技刊物。该刊的宗旨是发扬新医学，普及医学常识。专门刊登中外医学专著及研究论文，介绍医药卫生常识及各种疾病的防治方法，分析病例，介绍临床治疗经验，推广新药，新医疗器械。该刊对于了解1933年至1937年国内医学发展史有较高的史料价值。馆藏9期。

浙江医药月刊

1930 年 7 月创刊
创刊地点：杭州
编　　辑：浙江医药月刊社
高　　度：18.3cm

《浙江医药月刊》1930年7月创刊于杭州，属于医学月刊，由浙江医药月刊社出版发行，是杭州本地医药界的一份重要刊物。该刊所登载的文章颇能反映当时中国医疗的水平，其医学新闻消息内容对于研究民国时期医学团体的活动有重要参考价值，为民国医疗史的研究提供了重要史料。馆藏3期。

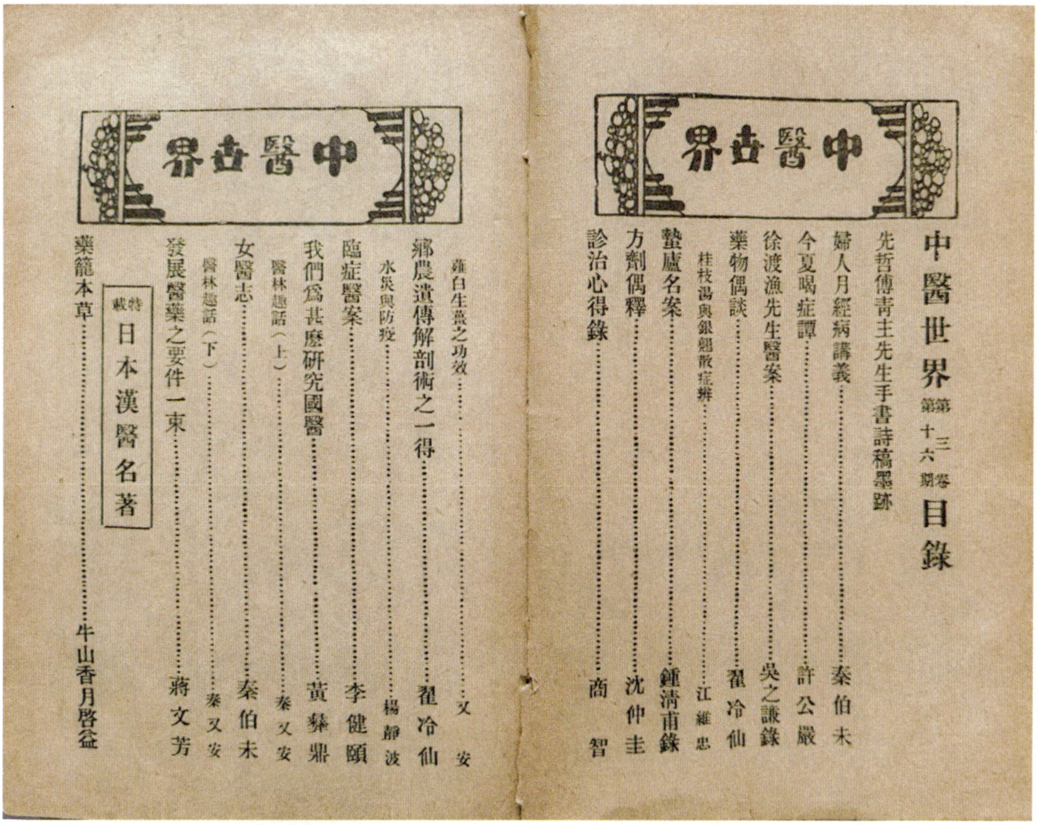

中医世界

1929年6月创刊
创刊地点：上海
编　　辑：中医世界社
高　　度：18.3cm

《中医世界》1929年6月创刊于上海，属于医学类刊物，由秦伯未、方公溥负责编辑。刊物早先为双月刊，1931年后改为月刊。刊物首版中部印有刊物标语“化中医为世界医”，以此显示刊物的定位和旨趣。刊物早先并无专门的栏目，后增设“医学研究”“专著”“名医验案”“特载”和“大众医药”等栏目，栏目众多，特色鲜明，各有侧重，能够细致反映20世纪30年代中医学在中国社会中的生存处境，为研究者了解这一时期中西医论争提供了较为翔实的资料。馆藏7期。

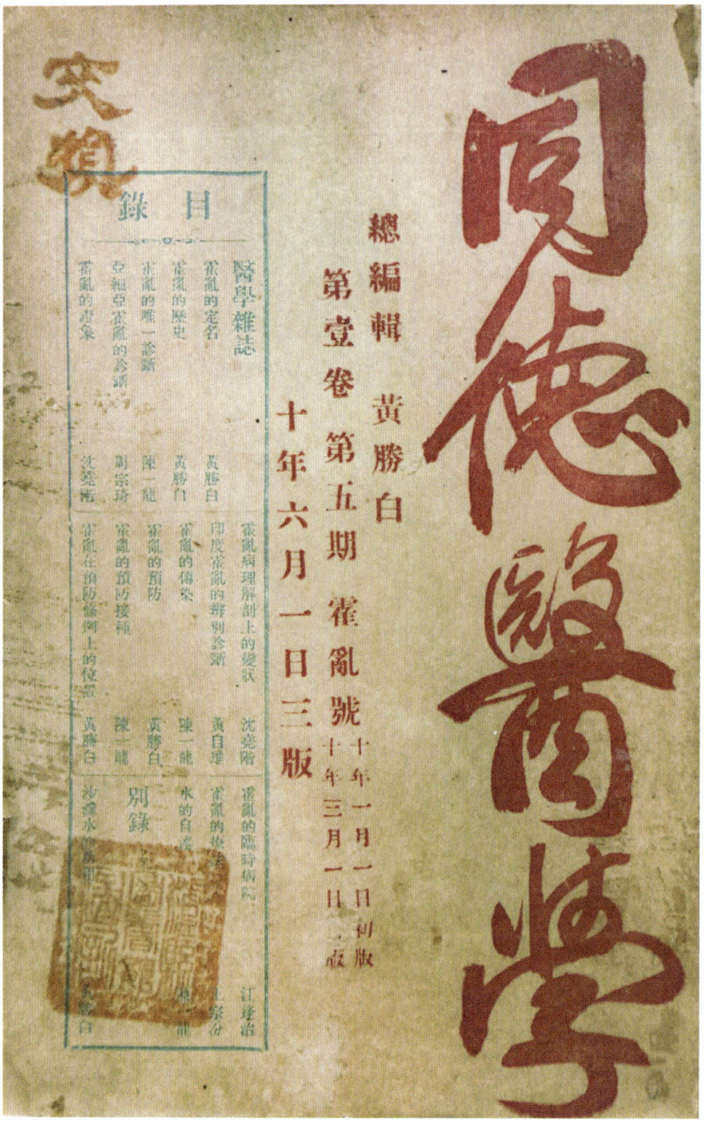

同德医学

1920 年 4 月 20 日创刊
创刊地点：上海
编　　辑：同德医学月刊社
高　　度：25.2cm

《同德医学》1920年4月20日在上海创刊，为医药月刊。由同德医学专门学校创办，同德医学月刊社编辑，1923年4月起改名为《同德医药学》。该刊宗旨是发扬医药学业，造福人类，内容包括中医与西医、医学与药学，有高深的研究论著，也有通俗易懂的医学常识，设置了医药杂识、论议丛刊、别录等栏目。该刊刊载了较多中西医理论和研究成果，可供了解20世纪20年代初中西医在国内的发展状况。馆藏4期。

医药评论

1929 年 1 月创刊
创刊地点：上海
编　　辑：医药评论社
高　　度：26cm

《医药评论》1929年1月在上海创刊，原为半月刊，于1933年96期后改为月刊，主要编辑为褚民谊，属于医药刊物。该刊以“宣传医药常识，讨论卫生实施方法”为目的，提倡卫生，反对旧社会，实施健民政策。该刊以在民众中间普及医学常识为主，宣扬个人卫生、公共卫生的重要性，称健康才是人生的真正幸福，是近代医药方面的一份重要期刊。馆藏8期。

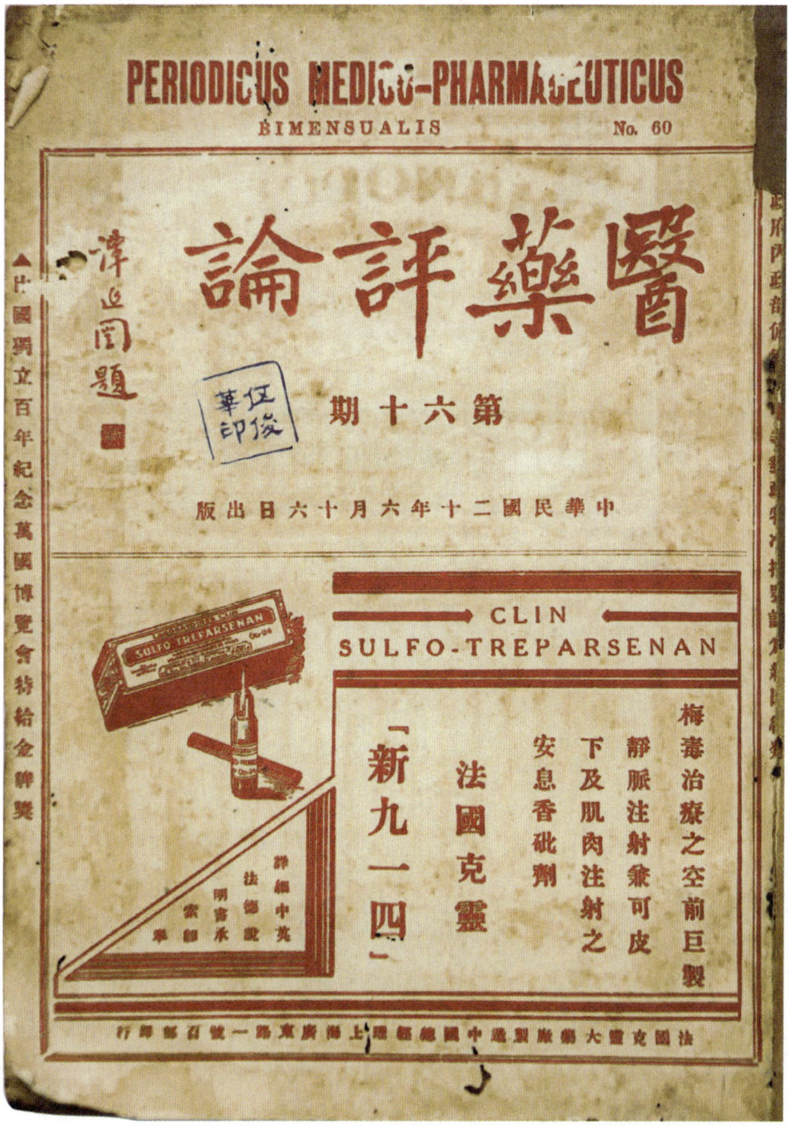

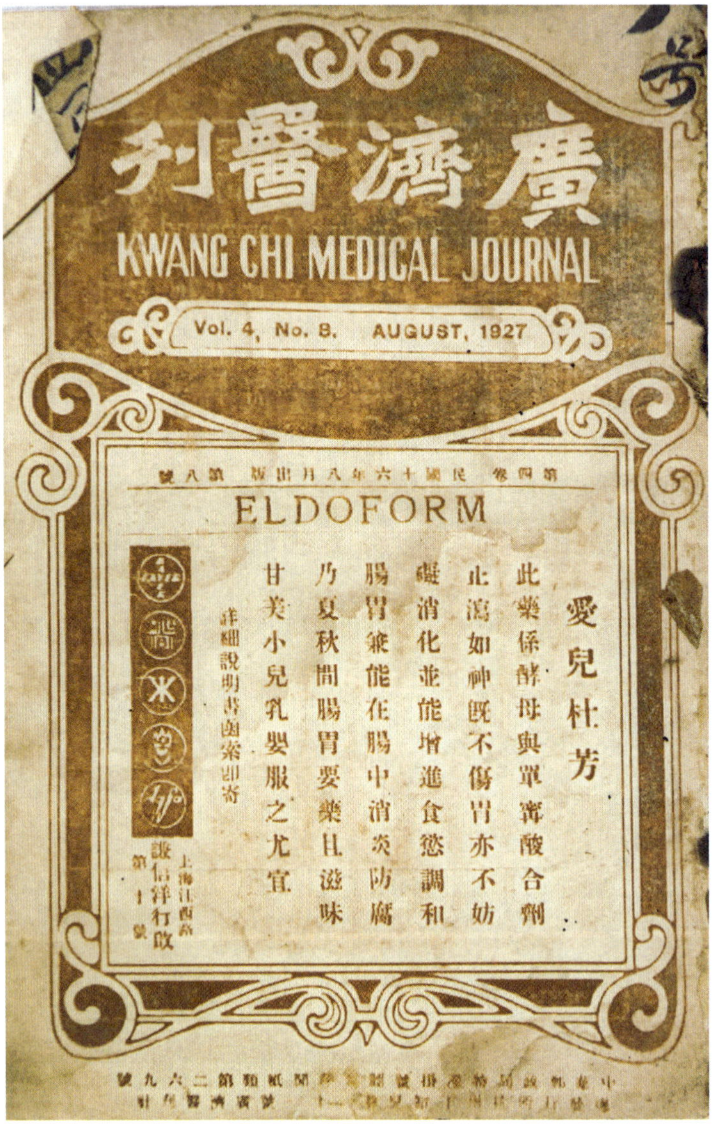

■ 广济医刊

1924 年创刊
创刊地点：杭州
编　　辑：广济医刊社
高　　度：23.8cm

《广济医刊》于1924年在杭州创刊，原名《广济医报》，为双月刊，1924年更名为《广济医刊》，并改为月刊，1935年末停刊。该刊以“研究医药学理，普及卫生知识”为主旨。载文宣传大众卫生理论，刊载各种疾病防治方法，介绍医学卫生常识，报道国内外医学界动态。设有论文、译著、医事常识、杂俎、琐闻、余兴等栏目。该刊是我国第一份医学院校创办的西医刊物。同时也是浙江民国时期刊办时间最长的医药刊物。馆藏24期。

医药杂志

1920年1月创刊
创刊地点：上海
编　　辑：医药杂志社
高　　度：30.6cm

《医药杂志》1920年1月在上海创刊，属于医药月刊。该刊旨在输进西方医药原理，为西药从业者介绍经营之道。其主要撰稿人有万钧、侯光迪、周森友、俞凤宾、王完白、吴济时、汪淇美、黄胜白、丁福保、锡南等。载文包括医药新闻、药料市况、名医著作、中草药介绍等内容，介绍西药药理、药品与药、传染病与流行病防治、公共卫生、医疗保健及药界新闻等。馆藏13期。

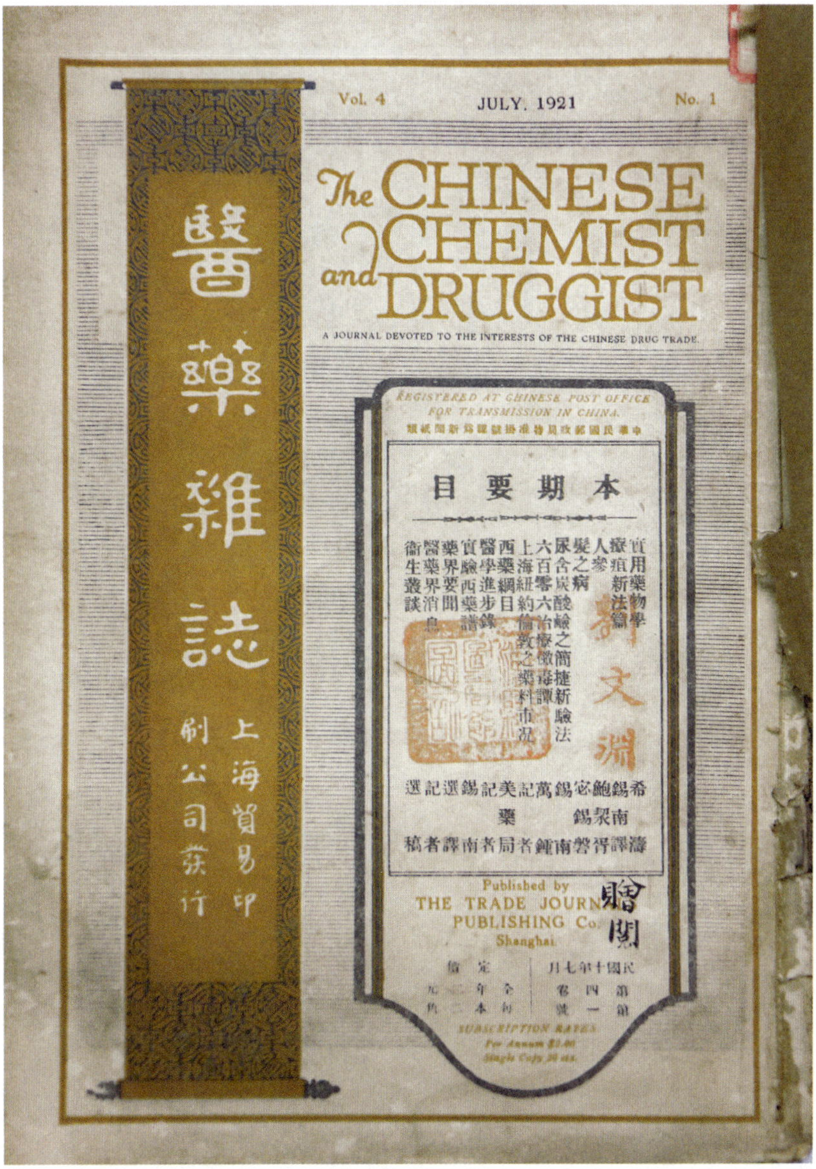

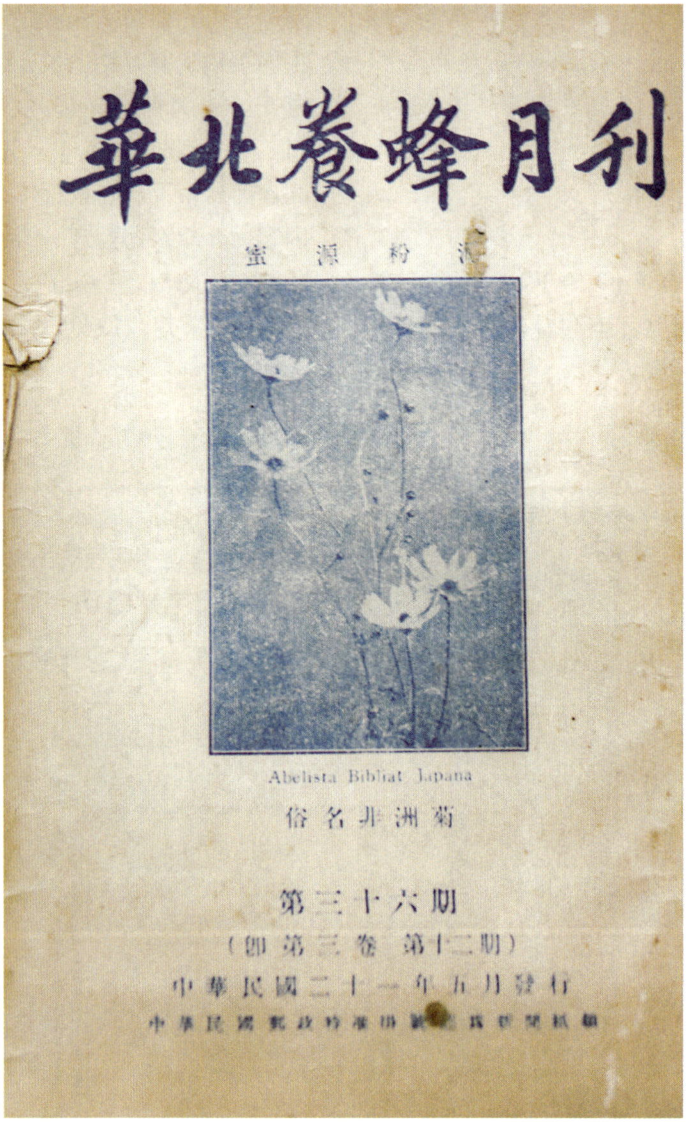

■ 华北养蜂月刊

1929 年 6 月创刊
创刊地点：北平
编　　辑：华北养蜂协会
高　　度：23cm

《华北养蜂月刊》于1929年6月在北平创刊，属于养蜂专业月刊，1933年9月停刊，共发行5卷52期。自1933年10月起更名为《中国养蜂月刊》，卷期另起。该刊以“提倡养蜂、实业救国”为目的，探讨养蜂专业知识，交流养蜂经验，一定程度上体现了民国时期我国尤其是华北地区养蜂业的专业技能，对于研究我国养蜂业发展的行业史具有一定的史料价值。馆藏7期。

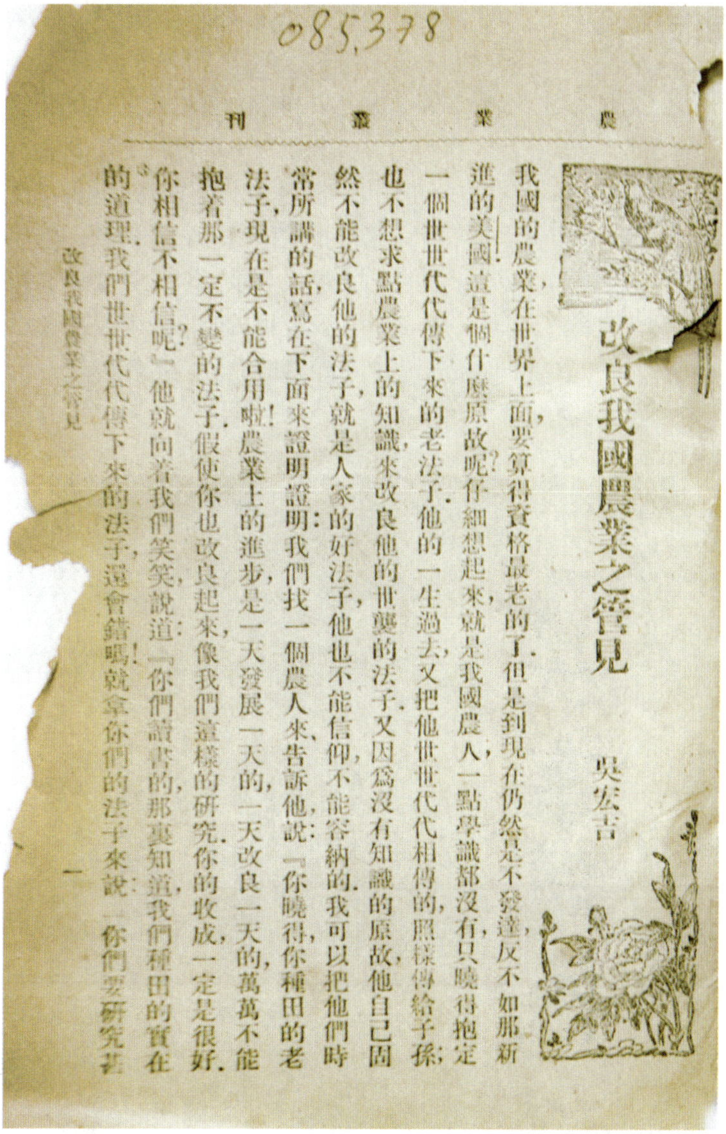

農業叢刊

085378

改良我國農業之管見

吳宏吉

我國的農業在世界上面要算得資格最老的了．但是到現在仍然是不發達，反不如那新進的美國，這是個什麼原故呢？仔細想起來，就是我國農人一點學識都沒有，只曉得抱定一個世世代代傳下來的老法子．他的一生過去，又把他世世代代相傳的，照樣傳給子孫；也不想求點農業上的知識，來改良他的世襲的法子．又因爲沒有知識的原故，他自己固然不能改良他的法子，就是人家的好法子他也不能信仰，不能容納的．我可以把他們時常所講的話，寫在下面來證明證明：我們找一個農人來告訴他說：『你曉得你種田的老法子，現在是不能合用啦！農業上的進步是一天發展一天的，一天改良一天的，萬萬不能抱着那一定不變的法子．假使你也改良起來，像我們這樣的研究，你的收成，一定是很好．你相信不相信呢？』他就向着我們笑笑說道：『你們讀書的，那裏知道我們種田的實在的道理．我們世世代代傳下來的法子，還會錯嗎！就拿你們的法子來說，你們要研究若

改良我國農業之管見　一

农业丛刊

1922 年 1 月创刊
创刊地点：上海
编　　辑：农业研究会
高　　度：23.1cm

《农业丛刊》1922年1月创刊于上海，停刊于1922年12月，共4期，属于农业季刊。该刊以“交流农业知识，改良农业技术，推进农业事业”为主旨，探讨我国农业问题，研究农业技术改良，调查记录我国农业的现状等。该刊物宣传农业技术知识，使更多的民众了解农业常识，一方面交流探讨，另一方面则改良农业技术，对当时农业发展起了积极意义。馆藏1期。

农业周报

1936年5月创刊
创刊地点：南京
编　　辑：农业周报社
高　　度：25.2cm

《农业周报》1931年5月在南京创刊，停刊于1937年3月，属于农业周刊。该刊以“交流信息，研究技术，推广农业事业”为主旨，主要刊载农业事业方面的著作、介绍作物改良法、粮食营养成分、报道国内外农业消息，也刊有农会法、农界人名录、农村社会调查等内容。该刊为研究民国时期农业发展提供了丰富资料。馆藏3期。

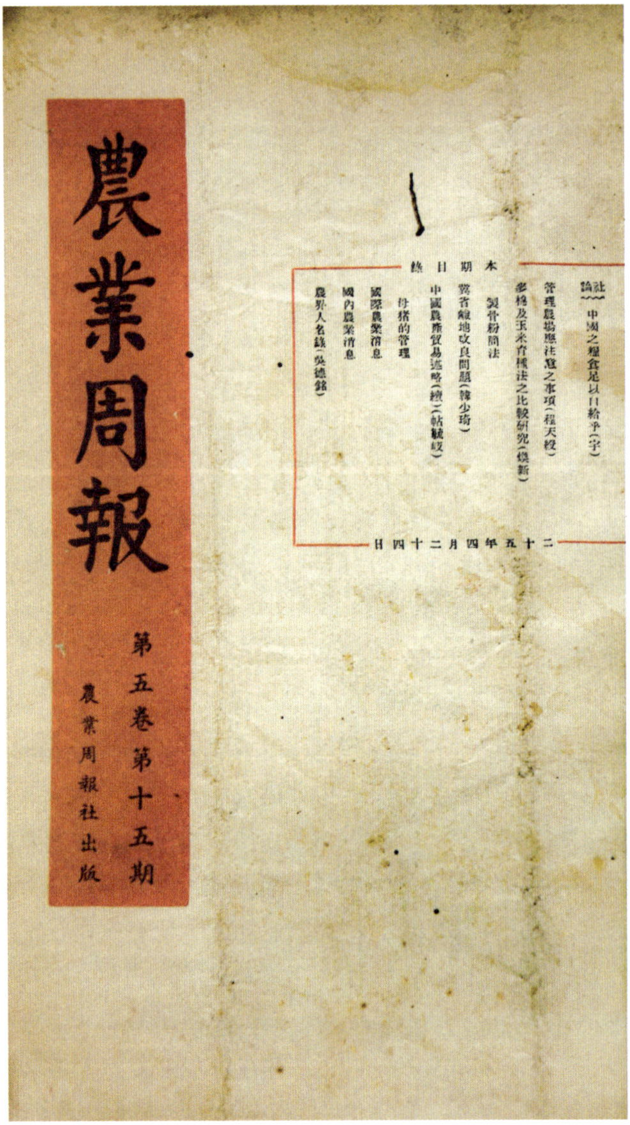

农报

1934 年 3 月创刊
创刊地点：南京
编　　辑：中央农业实验所
高　　度：25.4cm

《农报》1934年3月在南京创刊，属于农业双月刊。后停刊于1937年8月第4卷第22期，复刊于1940年1月第5卷第1期，又终刊于1948年12月第13卷第6期。其间曾迁重庆出版，后迁回南京。该刊以研究农事科学为主旨，刊载有关农事的论著译作，农林渔牧养殖水利及农业经济等实验研究结果，国内外农情考察、调查报告，书报介绍等内容。该刊特设各县通讯，增进了各地农业部门的沟通与了解。馆藏39期。

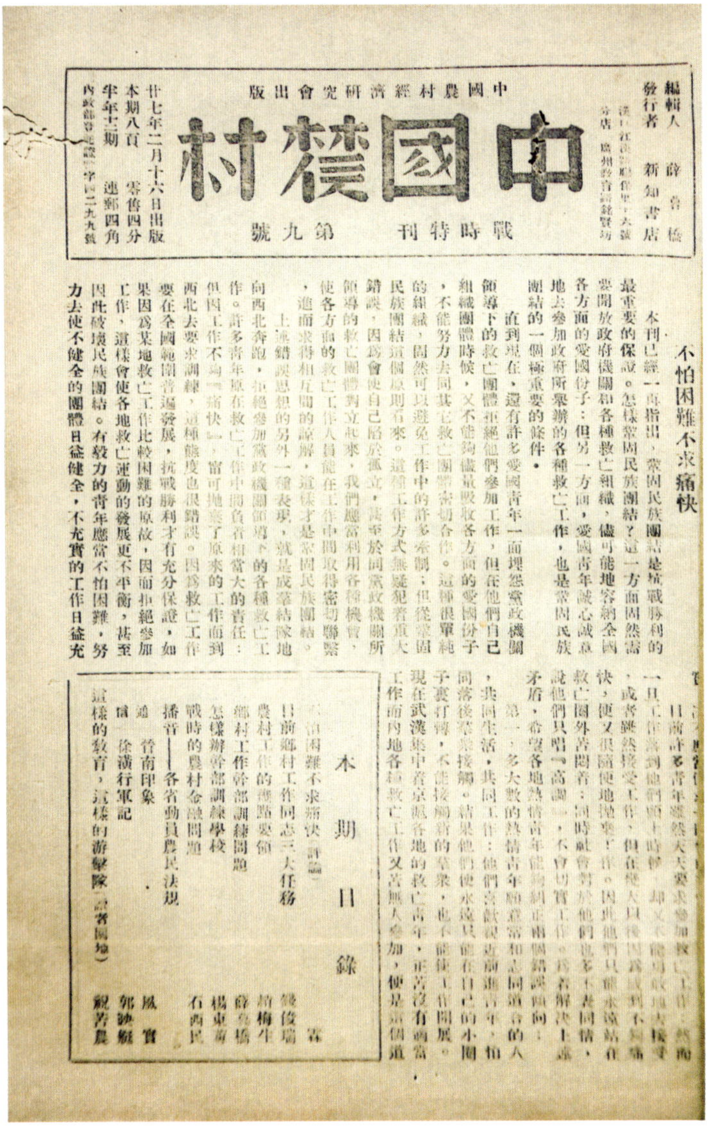

編輯人 薛暮橋
發行者 新知書店
漢口江漢路聯保里十六號
分店 廣州教育路錢賢坊

中國農村經濟研究會出版

中國農村

戰時特刊 第九號

廿七年二月十六日出版
本期八頁 零售四分
半年十二期 連郵四角
內政部登記證警字四二九九號

不怕困難不求痛快

本期目錄

不怕困難不求痛快（評論）	暮
目前鄉村工作同志三大任務	錢俊瑞
農村工作的幾點要領	趙梅生
鄉村工作幹部訓練問題	薛暮橋
怎樣辦幹部訓練學校	楊東蓴
戰時的農村金融問題	石西民
播音——各省動員農民法規	
通訊 晉南印象	風實
徐潢行軍記	郭沙蘇
這樣的教育，這樣的游擊隊（記者園地）	祝若農

中国农村

1938年10月创刊
创刊地点：上海
编　　辑：中国农村经济研究会
高　　度：25.5cm

《中国农村》1934年10月创刊于上海，属综合类月刊，主要研究中国农村社会经济问题。1937年10月10日因战争局势，先后迁往南昌、桂林发行。该刊在国内具有重要的影响力，其刊名为蔡元培题写，刊中载有徐特立、董必武、薛暮桥、孙冶方、梁漱溟等人的文章。该刊保留了大量有关民国时期中国农村问题的调查、报告和研究论著，是研究民国时期农村状况和国民政府农村政策的重要资料，具有较高的研究价值。馆藏4期。

■ 现代农民

1938 年 10 月创刊
创刊地点：成都
编　　辑：现代农民社
高　　度：24cm

《现代农民》1938年10月在成都创刊，后迁到重庆，1945年起迁到上海，1949年4月停刊，属于农业与农村问题月刊。该刊以“增进农民知识，启发农民思想，维护农民利益”为宗旨，讨论的主要对象是社会最底层的农民，且刊物专业水准较高，所以该刊在研究近代农民状况、土地问题及下层人民的生活方面有重要的作用。馆藏8期。

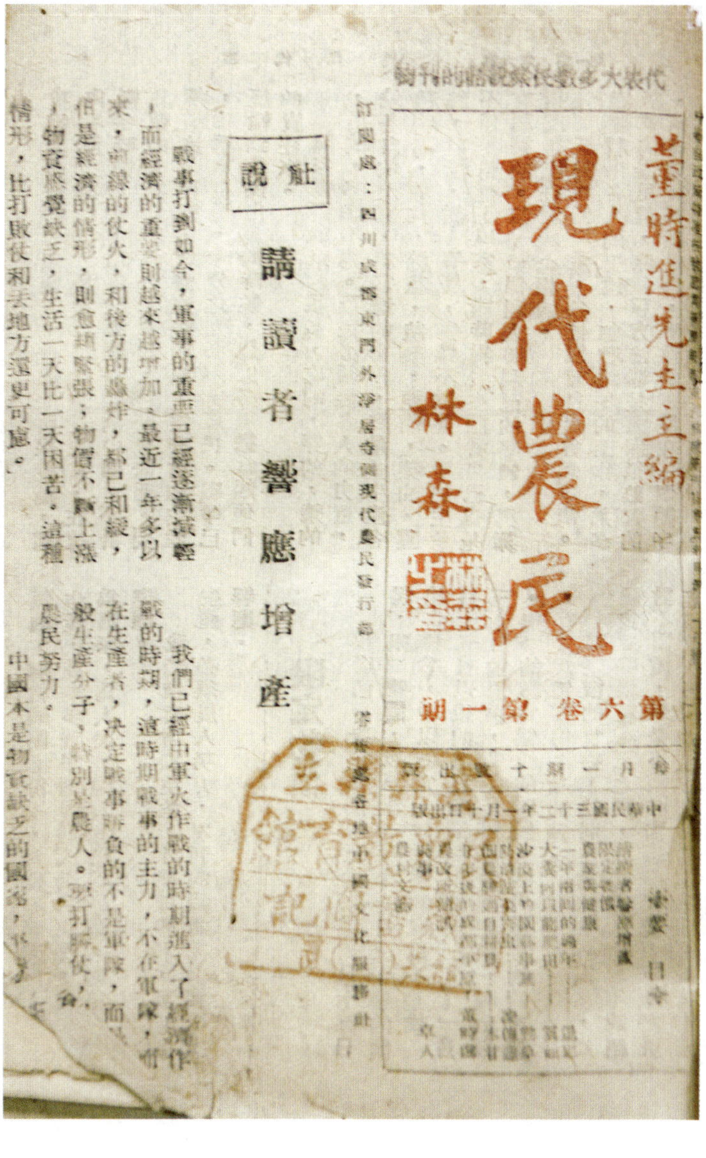
代表大多數農民說話的刊物
董時進先生主編
現代農民
林森
第六卷第一期
中華民國三十二年一月十日出版
訂閱處：四川成都東門外淨居寺側現代農民發行部

社說
請讀者響應增產

戰事打到如今，軍事的重要已經逐漸減輕，而經濟的重要則越來越增加。最近一年多以來，前線的伙火，和後方的轟炸，都已和緩，但是經濟的情形，則愈趨緊張；物價不斷上漲，物資感覺缺乏，生活一天比一天困苦。這種情形，比打敗仗和丟地方還更可慮。

我們已經由軍火作戰的時期進入了經濟作戰的時期，這時期戰事的主力，不在軍隊，而在生產者，決定戰事勝負的不是軍隊，而是一般生產分子，特別是農人。要打勝仗，[illegible]農民努力。

中國本是物資缺乏的國家，[illegible]

中国工业杂志

1920 年 11 月创刊
创刊地点：上海
编　　辑：中国工业杂志社
高　　度：37cm

《中国工业杂志》1920年11月创刊于上海，属于工业月刊。该刊是一份面向社会大众的杂志读物，收录许多文章介绍民国工业公司的发展状况，总结工业发展的基本要素，提出了许多有价值的建议，刊登了许多新技术和新产品，对于了解和研究民国初年国外先进技术在华传播应用有重要的参考价值。馆藏5期。

实业杂志

1912 年创刊
创刊地点：长沙
编　　辑：湖南实业杂志社
高　　度：24.6cm

《实业杂志》1912年创刊于长沙，原为季刊，后改为月刊，第240期后曾停刊，1947年2月复刊，期数另起。该刊以“研究实业学理，实行民生主义，促进实业发展”为宗旨，刊载湖南省内外农林、矿冶、工商交通、水利等实业方面的调查，国内各大埠的金融状况与汇兑行情，介绍各国经济发展的有关资料等。刊末附有“世界富豪传”。馆藏4期。

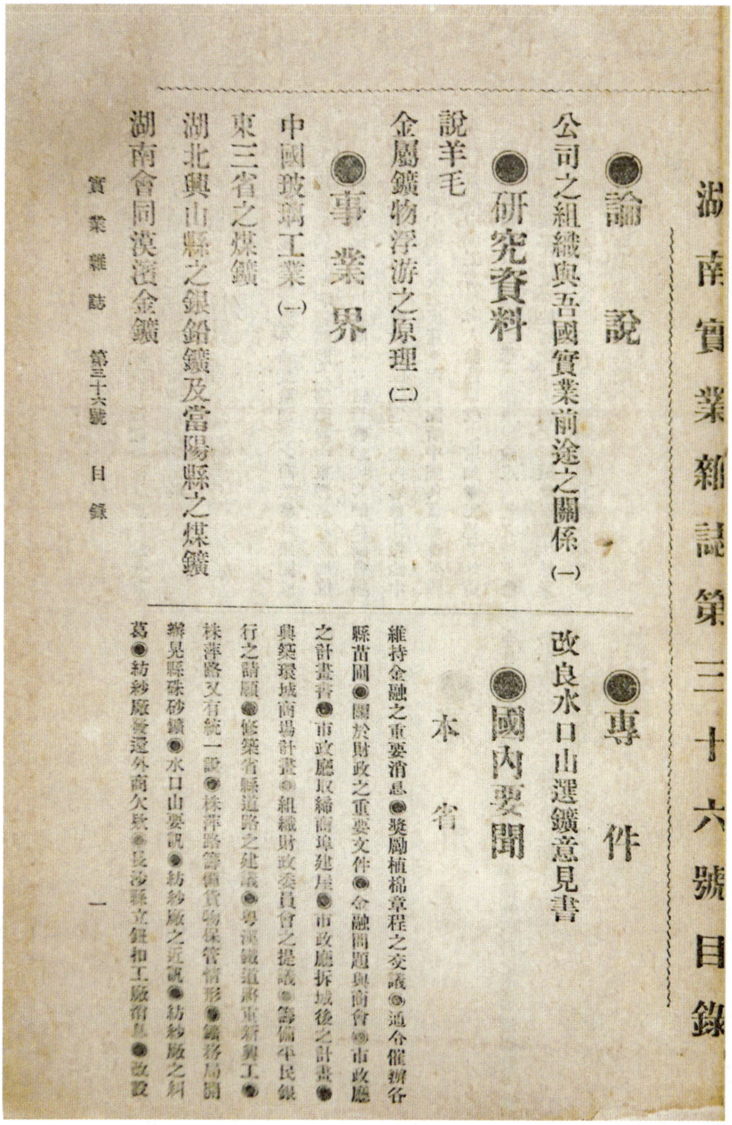
湖南實業雜誌第三十六號目錄

●論說
公司之組織與吾國實業前途之關係（一）

●研究資料
說羊毛
金屬鑛物浮游之原理（二）

●事業界
中國玻璃工業（一）
東三省之煤鑛
湖北興山縣之銀鉛鑛及當陽縣之煤鑛
湖南會同漠濱金鑛

●專件
改良水口山選鑛意見書

●國內要聞
本省
維持金融之重要消息●獎勵植棉章程之交議●通令催辦各縣苗圃●關於財政之重要文件●金融問題與商會●市政廳之計畫書●市政廳取締商埠建屋●市政廳拆城後之計畫●興築環城商場計畫●組織財政委員會之提議●籌備平民銀行之請願●修築省縣道路之建議●粵漢鐵路東站興工●株萍路又有統一說●株萍路籌備貨物保管情形●鑛務局關辦晃縣硃砂鑛●水口山要訊●紡紗廠之近況●紡紗廠之糾葛●紡紗廠發還外商欠款●長沙縣立鉛和工廠消息●改設

實業雜誌　第三十六號　目錄　一

工业中心

1932年8月1日创刊
创刊地点：南京
编　　辑：实业部中央工业试验所
高　　度：25.4cm

《工业中心》1932年8月1日创刊于南京，属于工业类月刊。抗战时期该社迁至重庆，战后迁回南京。该刊以“介绍新科学，新技术，直接为读者服务，间接促进本国工业的发展”为宗旨，围绕国内工业企业及实业部中央工业试验所下属工场和试验室情况，对其相关的国内外工业情况进行报道，是研究国民政府时期工业水平发展的重要史料，该刊对于了解国民政府对于工业的管控与渗透，国民政府的工业政策等均有裨益。馆藏15期。

华商沙厂联合会季刊

1919年9月创刊
创刊地点：上海
编　　辑：华商沙厂联合会
高　　度：25.8cm

《华商沙厂联合会季刊》1919年9月在上海创刊，停刊于1934年2月，共出版12卷，属于纺织类刊物。原为季刊，自1931年第9卷起改为半年刊，刊名也改成《华商纱厂联合会半年刊》，后更名为《纺织时报》。该刊主张“关税自主，抵制洋货，裁减厘金，反对军阀战争，力主国内和平”，刊载北京政府、南京政府颁布的工商条例、法令，记载民族纺织工业的发展。该刊作为国内最早正式出版的纺织期刊，对于研究我国纺织工业的发展、技术的进步有极高的史料价值，并且在纺织期刊中占有重要的地位。馆藏5期。

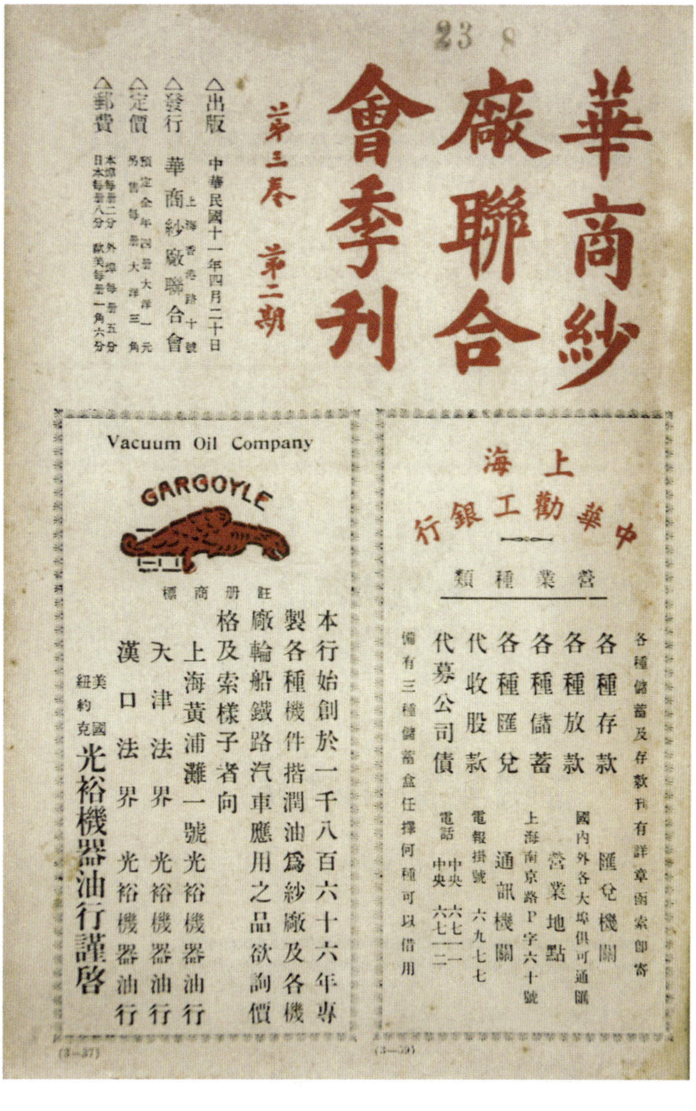
華商紗廠聯合會季刊

第三卷　第二期

△出版　中華民國十一年四月二十日
△發行　華商紗廠聯合會　上海香港路十號
△定價　預定全年四册大洋一元　另售每册大洋三角
△郵費　本埠每册二分　外埠每册五分　日本每册八分　歐美每册一角六分

Vacuum Oil Company

GARGOYLE

註册商標

本行始創於一千八百六十六年專製各種機件揩潤油爲紗廠及各機廠輪船鐵路汽車應用之品欲詢價格及索樣子者向

上海黃浦灘一號　光裕機器油行
天津法界　光裕機器油行
漢口法界　光裕機器油行

美國紐約　光裕機器油行謹啓

上海　中華勸工銀行

營業種類

各種儲蓄及存款刊有詳章函索卽寄

各種存款
各種放款
各種儲蓄
各種匯兌
代收股款
代募公司債

匯兌機關　國內外各大埠俱可通匯
營業地點　上海南京路P字六十號
通訊機關　電報掛號　六九七七　電話　中央六七一一　中央六七一二

備有三種儲蓄盒任擇何種可以借用

黄海

1922 年 8 月创刊
创刊地点：天津
编　　辑：黄海化学工业研究社
高　　度：25.6cm

《黄海》1922年8月创刊于天津，抗日战争全面爆发后，黄海社迁至四川乐山，开始从事西南资源的调查和研究，抗战胜利后黄海北迁至原址。该刊开创了中国无机应用化学、有机应用化学及细菌化学的研究，取得了一系列科技成果。其许多研究成果对打破英国的盐垄断、发展民族化学工业起到了奠基作用，写下了化工科研史上光辉的一页。该刊不仅为企业的生产服务，解决制盐和制碱中的一些科研问题，而且培养造就了一批化工科技人才，为振兴我国的化学工业服务，也为今天的改革开放、科教兴国等发展战略的实施提供可贵的参考。馆藏2期。

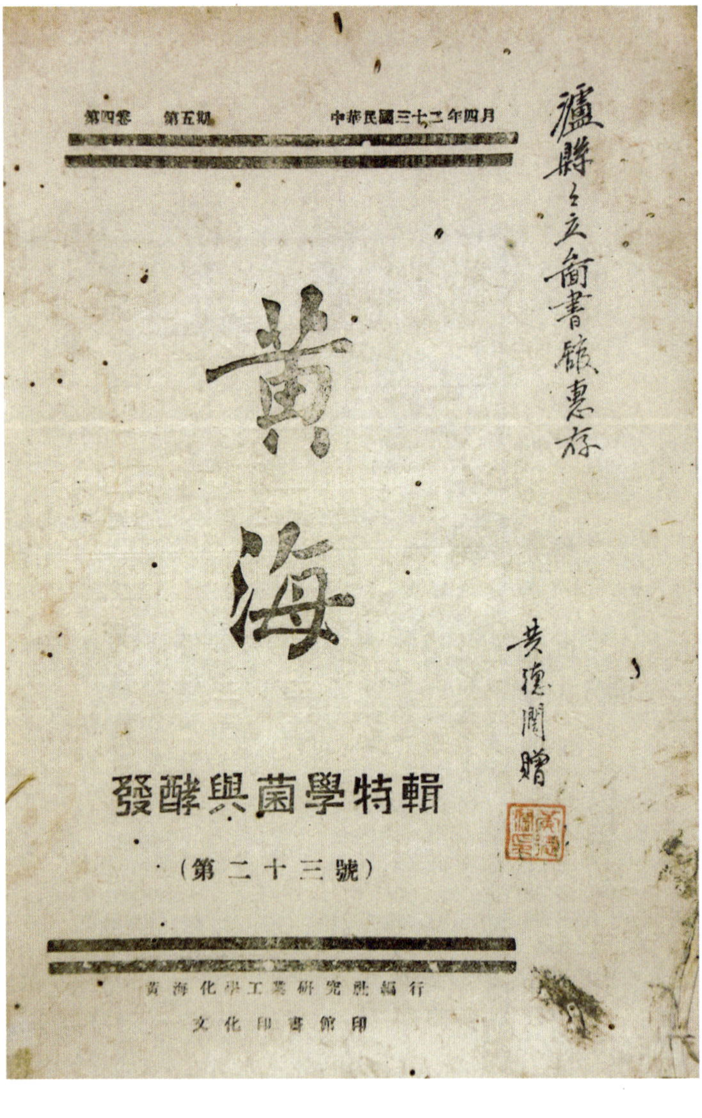

电世界

1946 年 6 月创刊
创刊地点：上海
编　　辑：电世界编辑室
高　　度：24cm

《电世界》于1946年6月在上海创刊，属于电工普及月刊。其中主要栏目有事故分析、安全用电、国外点滴等。该刊主要交流国内外电机、电力工业的科研成果和生产技术经验，主要内容包括电机、电器、电站、输配电、电气自动化、电工仪表、电工材料、交通电气化以及电学基础等专业范围。馆藏11期。

电气工业杂志

1920年10月创刊
创刊地点：北平
编　　辑：中华工程师学会
高　　度：25.5cm

《电气工业杂志》1920年10月创刊于北平，停刊于1922年5月，属于电气专业月刊。该刊旨在普及科学知识，发达工业思想，登载专业制造方面知识及操作技巧，报道国内外电业界新闻、消息，刊载各类关于电气工业方面的政令，有电器机械学理论的系统介绍，也有国内各地电话局或电灯使用调查内容。该刊文章后附有大量图表，以方便读者研读。馆藏6期。

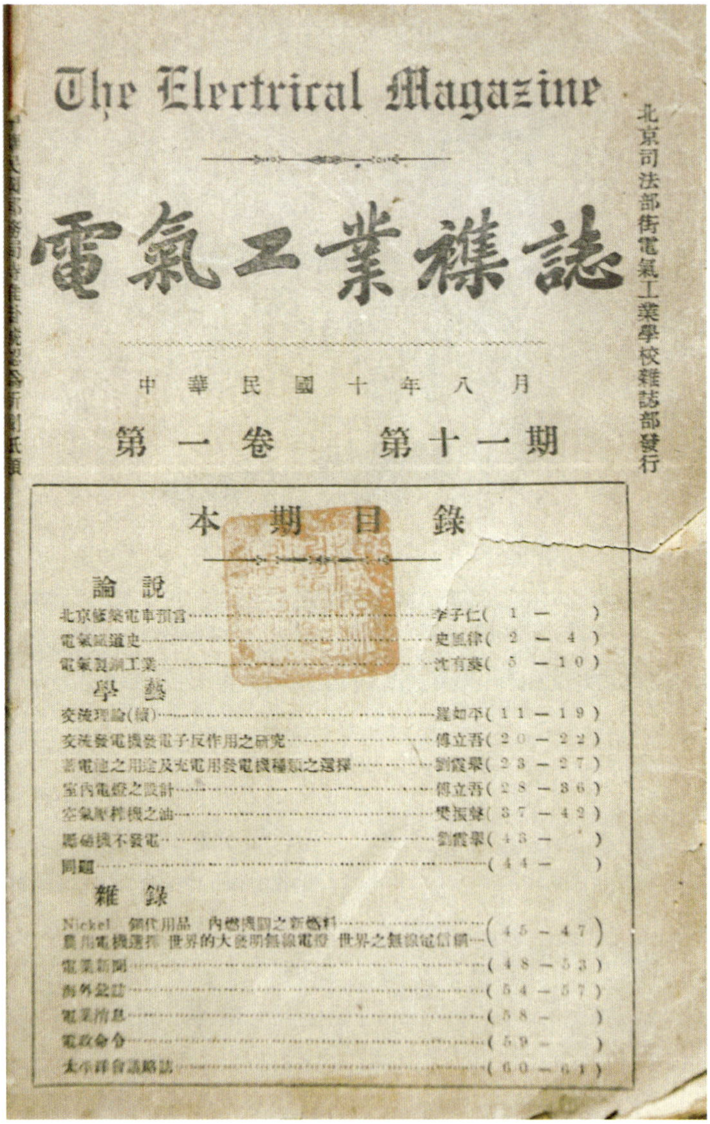
The Electrical Magazine

電氣工業雜誌

北京司法部街電氣工業學校雜誌部發行

中華民國十年八月

第一卷　第十一期

本期目錄

論說

學藝

雜錄

中国滑翔

1941 年 12 月 30 日创刊
创刊地点：重庆
主办：中国滑翔出版社
高　　度：26.7cm

《中国滑翔》1941年12月30日创刊于重庆，属于航空类季刊，自1943年第2卷起改为双月刊。该刊作为中国滑翔总会的会刊，对于社团及其刊物的成立与创办均一一表明，对于研究20世纪40年代初，国民政府对于空军及国防的建设有参考价值。中国滑翔总会的会长为蒋介石，副会长分别是教育部长陈立夫、三青团书记张治中与航空委员会主任周至柔，可以从侧面研究国民政府在运行中不同机关部门的掣肘与合作。该刊以训辞“无空防即无国防”来突显滑翔运动在当时训练青年及建设国防的重要性。馆藏7期。

青年生活

1938 年 9 月创刊
创刊地点：重庆
编　　辑：中共中央南方局青年组
高　　度：26cm

《青年生活》1938年9月创刊于重庆，为半月刊，1940年7月15日被迫停刊，共出10期。该刊属青年刊物，旨在团结广大青年，指导青年合理生活，树立榜样，坚持抗战救国。要求青年发扬“切实、伟大、坚强、宁静”的精神，改善自己的生活，以增强抗战力量。该刊是一份旨在指导青年生活的刊物，对战时重庆青年生活状况的研究具有一定的参考价值。馆藏3期。

■ 天下事

1939 年 1 月创刊
创刊地点：上海
编　　辑：陶亢德
高　　度：26cm

《天下事》1939年1月创刊于上海，陶亢德编辑，初为月刊，第1卷第7期起改为半月刊，自第2卷起又恢复为月刊。该刊是抗战时期发行于上海的综合性刊物，以介绍世界时事和各国文化为主要内容。该刊作为了解抗战期间沦陷区社会活动的材料，具有一定史料价值。馆藏3期。

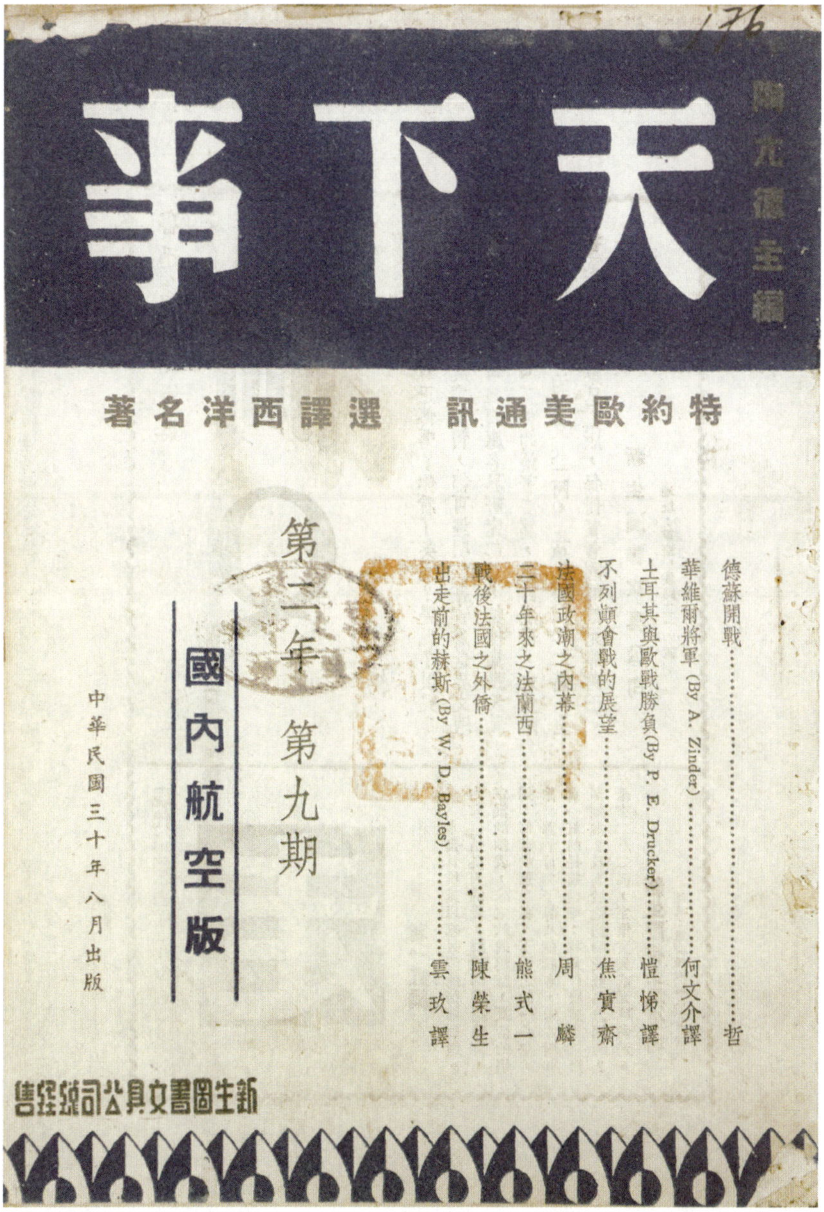

观察

1946 年 9 月创刊
创刊地点：上海
编　　辑：观察周刊社
高　　度：25.5cm

《观察》1946年9月在上海创办，1948年12月因国民党当局查禁停刊，次年11月复刊。原为周刊，后改为半月刊，属于时政刊物。该刊旨在成为独立的、客观的、超党派的刊物，对国事发表意见，为青年思想进步和品性修养提供帮助。刊上载文评论国内外局势，记载我国历史，报道国内外大事，设有专论、特稿连载、观察通信等栏目。主编储安平的政治思想也表现为具体的时代性与独特性，对于当今学术政治史研究具有重要的现实意义。馆藏49期（另存19期民国后版）。

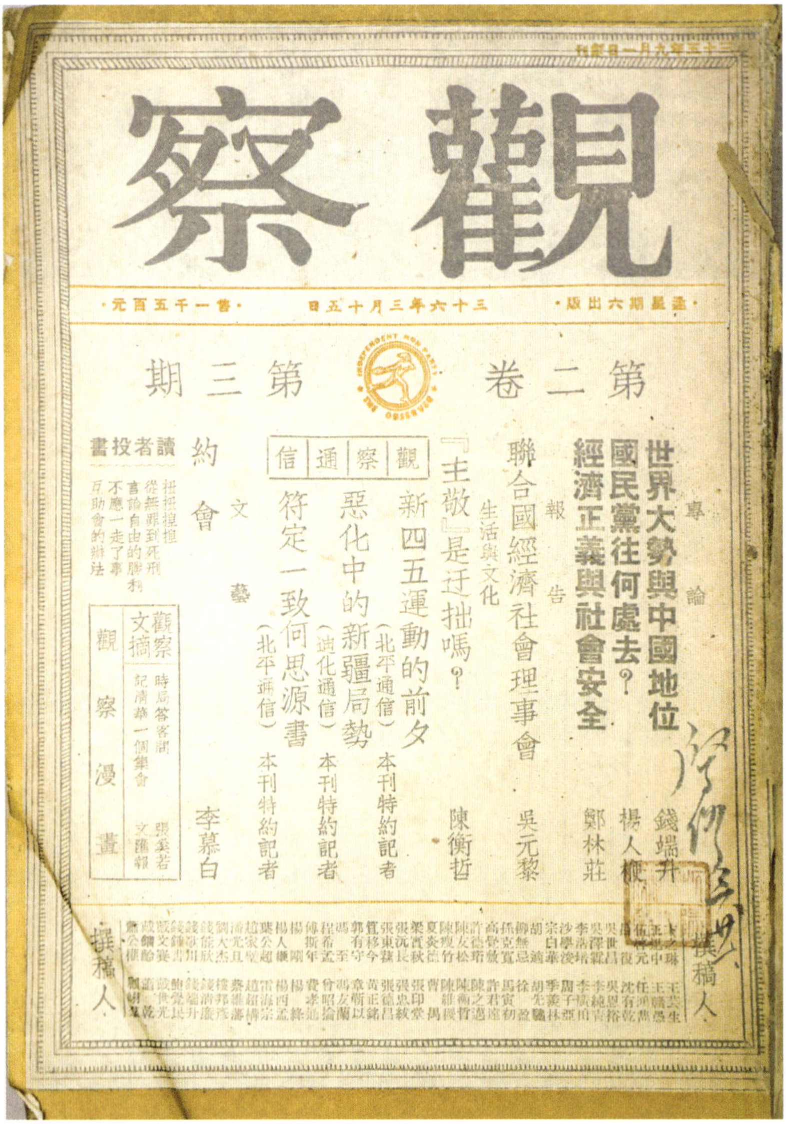
觀察
逢星期六出版 · 三十六年三月十五日 · 售一千五百元
第二卷 第三期
專論
世界大勢與中國地位　錢端升
國民黨往何處去？　楊人楩
經濟正義與社會安全　鄭林莊
報告
聯合國經濟社會理事會　吳元黎
生活與文化
「主敬」是迂拙嗎？　陳衡哲
觀察通信
新四五運動的前夕（北平通信）　本刊特約記者
惡化中的新疆局勢（迪化通信）　本刊特約記者
符定一致何思源書（北平通信）　本刊特約記者
文藝
約會　李慕白
讀者投書
拒捕搶槍從無罪到死刑
言論自由的勝利
不應一走了事
互助會的辦法
觀察文摘
時局答客問　張奚若
記清華一個集會　文匯報
觀察漫畫
撰稿人

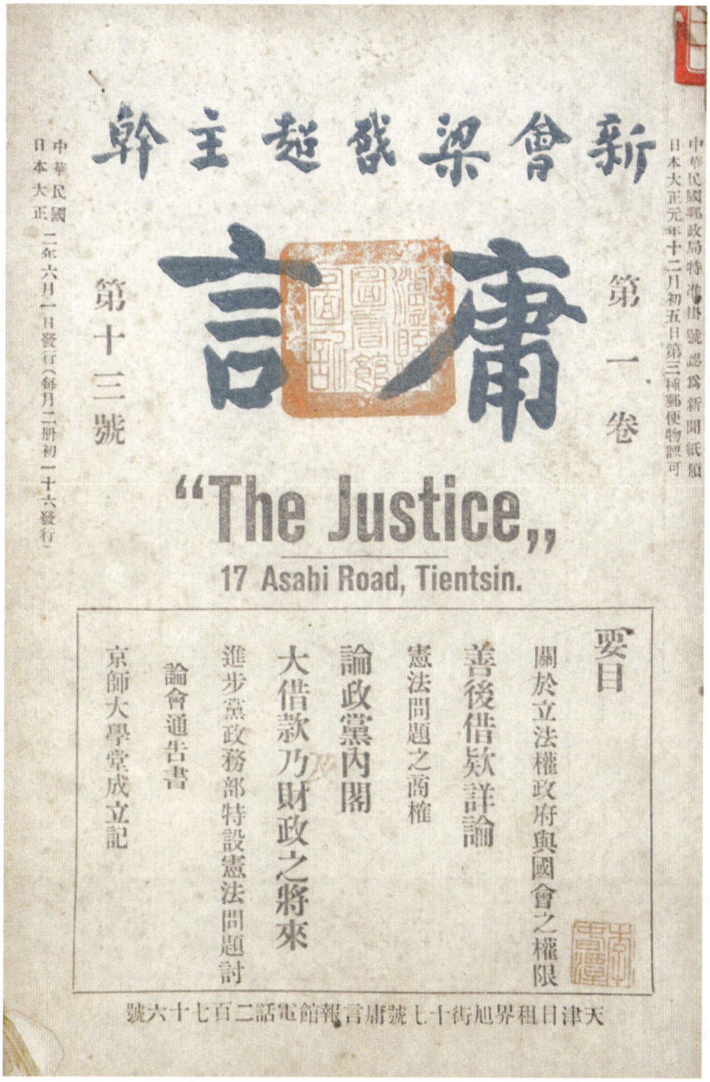

庸言

1912 年 12 月创刊
创刊地点：天津
编　　辑：庸言报馆
高　　度：24cm

《庸言》1912年12月在天津创刊，创办人为梁启超，由吴贯因编辑，属于政论刊物。创刊时为半月刊，1914年改为月刊，同年6月停刊，共出两卷30期。该刊主要体现的是梁启超独立办报的精神，推动了新闻学在中国的启蒙。主要供稿人有梁启超、景学衿、郑孝胥、张謇、王桐龄、贺绍章、陈昭常、何震彝等，主要设有通论、专论、杂论、讲演、名著、外论、杂译、国闻、外纪、史料、随笔、艺谈、说部、日记、法令等栏目。该刊对研究民国初年中国的新闻学、当时的时政及社会文化等内容提供了大量的资料，具有重要史料价值。馆藏5期。

北京大学月刊

1919 年 1 月创刊
创刊地点：北京
编　　辑：北京大学月刊编辑部
高　　度：24.3cm

《北京大学月刊》1919年1月创刊，是近代中国大学学报发展的先驱之一，也是蔡元培在北京大学创办的第一个在中国最具典型意义和最富大学学报形态的学术刊物。由于社会动荡，该刊从1919年1月到1922年2月共出版1卷9号。该刊宗旨是破除专己守残之陋见，网罗众家之学术，广泛进行自由学术讨论与交流。刊物上刊登了大量学术论著，促进了近代中国学术的发展进程，为学术研究提供了基本的参考资料和研究方法，同时该刊也为了解北京大学的校史提供了非常重要的史料。馆藏2期。

师大月刊

1932年11月创刊
创刊地点：北平
编　　辑：师大月刊编委会
高　　度：25.2cm

《师大月刊》于1932年11月创刊于北平，1937年2月停刊，共32期。该刊由国立北平师范大学创办，主要编辑有钱玄同、黎锦熙等，属于文史哲研究专业双月刊。该刊系当时学术界文史哲领域专业权威月刊之一，读者对象为文史哲研究者和高等院校相关专业师生。馆藏1期（师大建校32周年纪念专号）。

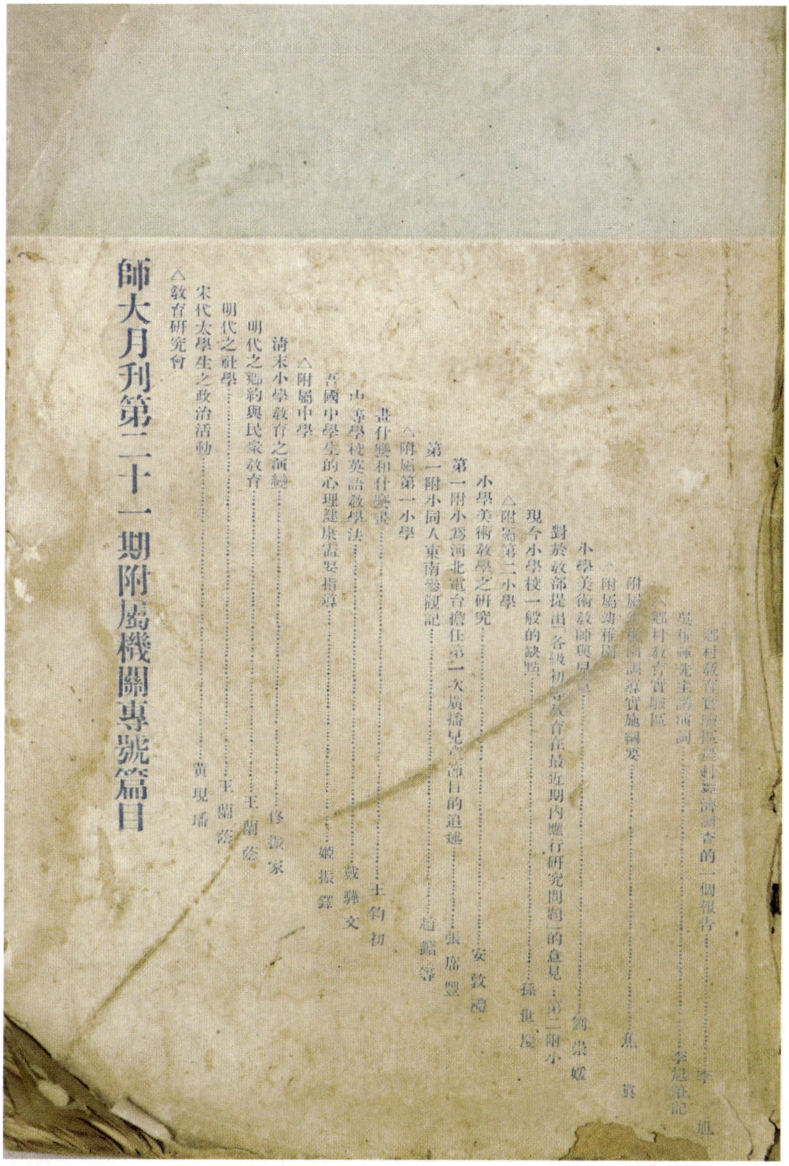

師大月刊第二十一期附屬機關專號篇目

鄉村教育實驗區農村經濟調查的一個報告……李旭
吳棣華先生講演詞……李旭筆記
△鄉村教育實驗區
附屬[illegible]稚園[illegible]實施綱要……焦[illegible]
△附屬幼稚園
小學美術教師與兒童……劉崇媛
對於教部提出「各級初等教育在最近期內應行研究問題」的意見……第二附小
現今小學校一般的缺點……孫世慶
△附屬第二小學
小學美術教學之研究……安敦禮
第一附小為河北電台擔任第一次廣播兒童節目的追述……張席豐
第一附小同人東南參觀記……趙鑄等
△附屬第一小學
畫什麼和什麼畫……王鈞初
中等學校英語教學法……戴驊文
吾國中學生的心理建康需要指導……姬振鐸
△附屬中學
清末小學教育之演變……佟振家
明代之鄉約與民衆教育……王蘭蔭
明代之社學……王蘭蔭
宋代太學生之政治活動……黃現璠
△教育研究會

中法大学月刊

1931 年 11 月创刊
创刊地点：北平
编　　辑：中法大学
高　　度：25.3cm

《中法大学月刊》于1931年11月在北平创刊，1937年8月停刊，由中法大学主编，属于校园学术刊物。该刊主要内容为对法国象征主义文学的介绍、中法教育学术及研究、中法教育信息等，其教学理念先进，知识内容较为科学，一定程度上开拓了学生的视野，增加了学生对于自然科学、哲学逻辑等的认知，具有积极的教育意义。该刊刊载了诸多的海外译著，有助于外国科学知识的传播，对于近代中外教育研究提供了基本的参考史料。馆藏1期。

■ 民铎杂志

1916 年 6 月创刊
创刊地点：日本东京
编　　辑：民铎杂志社
高　　度：24.3cm

《民铎杂志》1916年6月创刊于日本东京，自1920年起迁至上海出版，停刊于1931年1月，共11卷1期。该刊原为季刊，自第2卷起改为月刊，第10卷起改为双月刊，属于社会科学刊物。该刊以促进民智、培养民德、发扬民力，提倡中华民族的独立、自强为宗旨，刊登政治改良、经济发展、文化教育发展方面的论文，并有时事评论和文艺作品。该刊注重介绍国内外新思想、新知识和科技知识，是民国时期以介绍现代西方思潮闻名的学术类期刊。馆藏8期。

■ 新中华

1933 年 1 月创刊
创刊地点：上海
编　　辑：中华书局
高　　度：25.5cm

《新中华》1933年1月在上海创刊，属于综合性刊物。1937年8月第5卷第15期开始休刊，1943年1月在重庆出版复刊号，随后以半月刊或月刊的形式出版，1951年12月第14卷第24期后停刊。该刊定名为《新中华》，冀其对于“现代的中国”有所贡献。该刊以“灌输时代知识，发扬民族精神”为宗旨，侧重对国家建设、民族生存、国际时事、国内政治等问题进行评论和报道，为研究近代中国发展状况提供了丰富的史料。馆藏60期。

国粹学报

1905年2月23日创刊
创刊地点：上海
编　　辑：上海国粹学报馆
高　　度：25.5cm

《国粹学报》于1905年2月23日在上海创刊，邓实任主编，属于学术月刊。该刊连续刊行7年，从未间断，从创刊到1912年初停刊共计82期。该刊以“保种、爱国、存学”为宗旨，阐发学术传统，对我国具有悠久历史传统的经学、史学、语言文字、音韵训诂、诗词歌赋、金石书画、戏剧、音乐、美术等学术领域进行了广泛的稽古钩沉和细心的考订阐释工作，并试图提倡一种不分门户、不立宗派、实事求是的学风。该刊是“国学保存会”的机关刊物。馆藏98期。

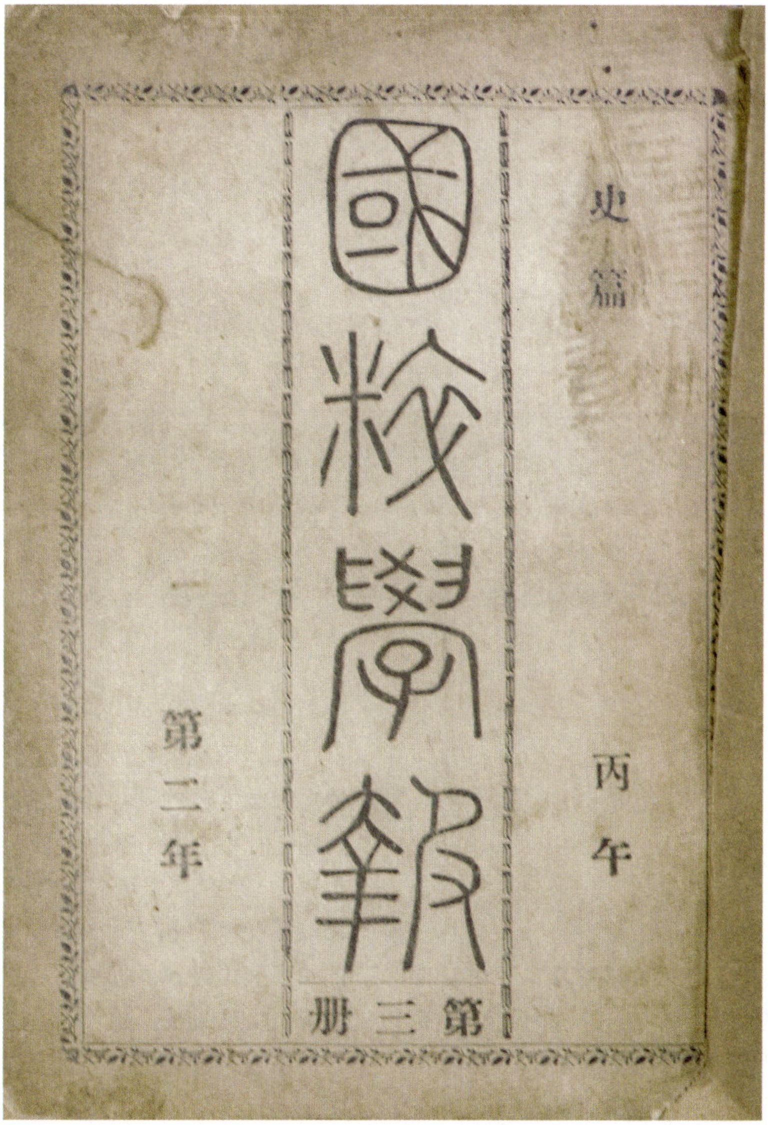

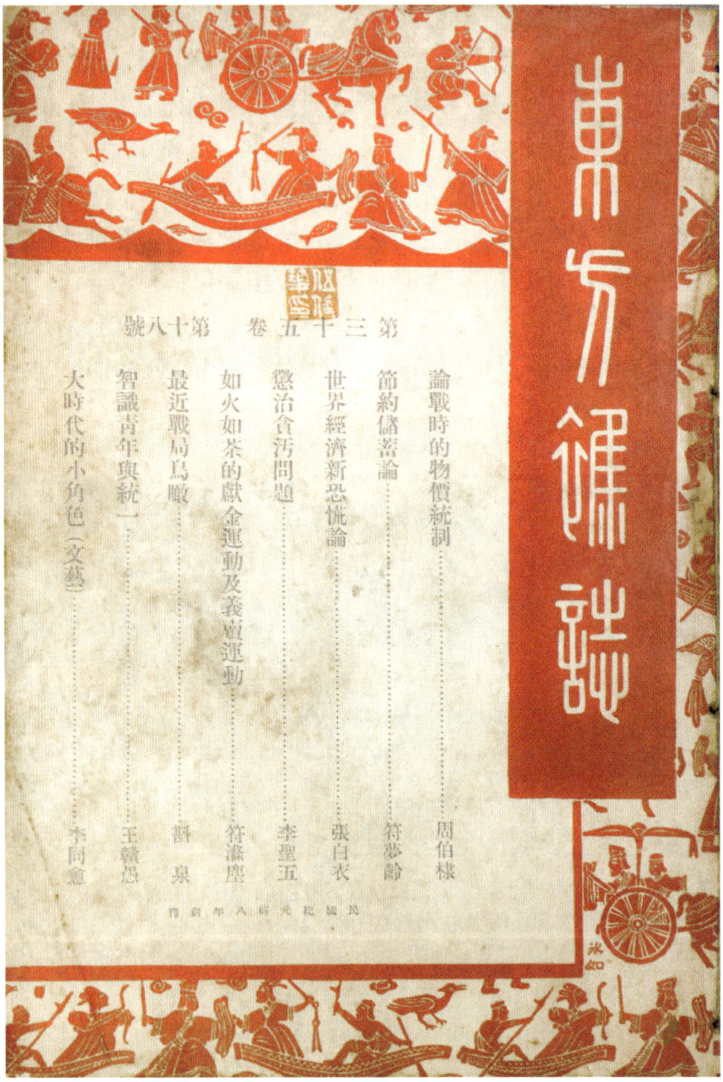

东方杂志

1904 年 3 月 11 日创刊
创刊地点：上海
主办：商务印书馆
高　　度：25cm

《东方杂志》1904年3月11日由夏瑞方提议在上海创刊。最初名为《东亚杂志》，但因德国驻上海总领事馆有德文《东亚杂志》，为避同名而改为《东方杂志》。最初为月刊，1920年第17卷起改为半月刊，后又恢复为月刊。该刊初期是一种文摘类性质的刊物，后逐步以时事政治为主。曾在上海、长沙、香港、重庆等地出版，1937年8月因日军侵华几度休刊，1948年12月终刊，共出44卷。该刊忠实地记录了我国近现代发展的历史轨迹，成为近现代史的见证，被称为“中国近现代史的资料库”“杂志界的重镇”。馆藏310期。

新家庭

1931 年 1 月创刊
创刊地点：上海
编　　辑：周瘦鹃
高　　度：24.5cm

《新家庭》于1931年1月在上海创刊，刊出第8号后，暂停数月，1932年4月续出第9号，1933年4月停刊，不定期出版，共出版1卷12号。该刊属于生活刊物，主要刊载关于家庭的一些理论学说、小说杂文及家庭之种种经验、中国家庭的经济问题、妇女思想的推测等知识。该刊既有实用文字，也有艺术图片，作者多为“鸳鸯蝴蝶派”中人，内容基本与时事政治无关。馆藏7期。

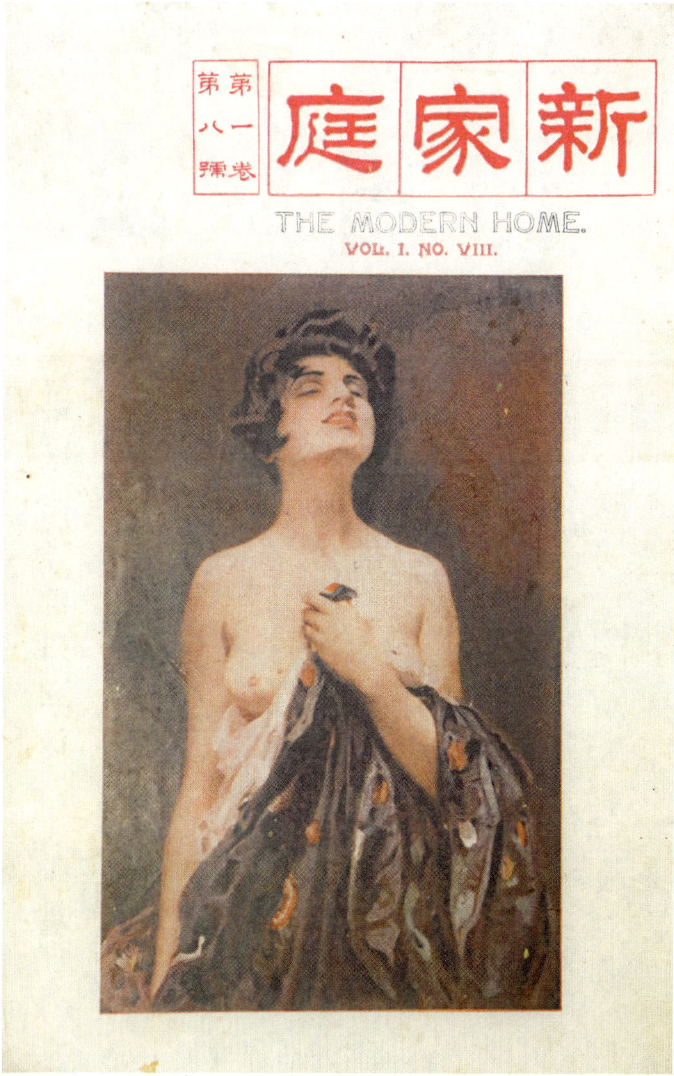

■ 出版周刊

1924年1月创刊
创刊地点：上海
主办：商务印书馆
高　　度：26.5cm

《出版周刊》于1924年1月在上海创刊，编辑兼发行人李伯嘉。1932年1月28日由于厂房被日军炸毁被迫停刊，12月复刊。1937年“七七事变”后于10月迁往长沙，改名为《出版月刊》，1941年停刊。该刊是最早宣介、推销商务印书馆图书的杂志。该刊一般约请各学科领域的顶级人物如周建人、马寅初、周作人、傅雷等撰稿，所以具有极高的权威性和吸引力，该刊不但宣介图书，更重要的是指导读者阅读方法，从而提高读者阅读能力。主要栏目有总类、哲学、社会科学、自然科学、应用技巧、文学、历史传记、语文学、美术、地理。馆藏18期。

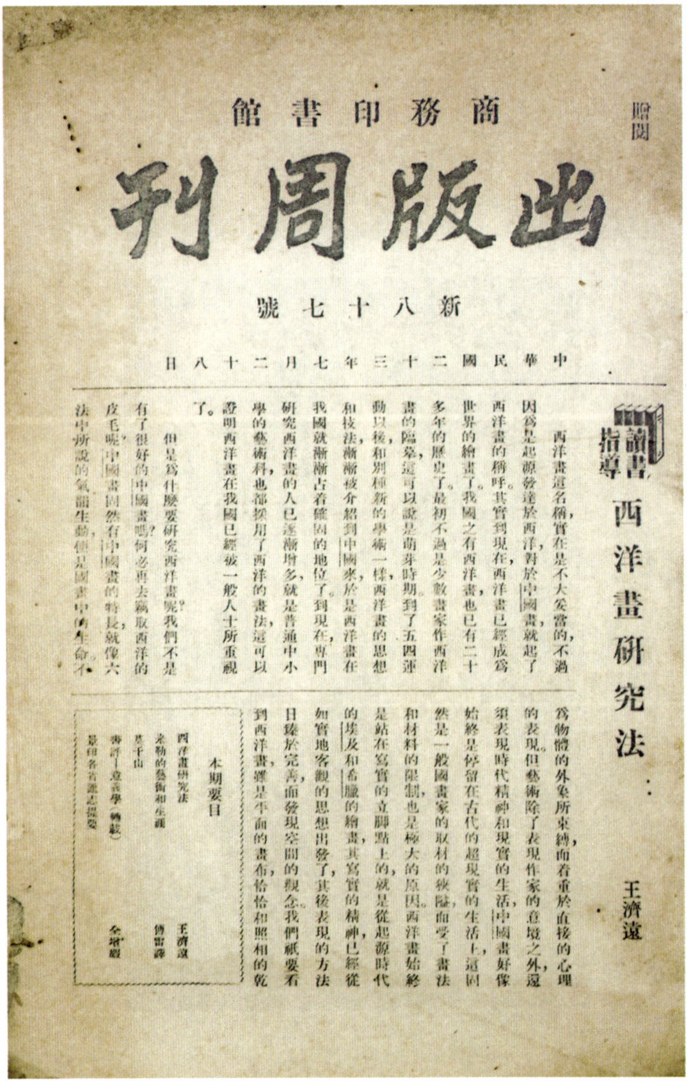

商務印書館

贈閱

出版周刊

新八十七號

中華民國二十三年七月二十八日

讀書指導

西洋畫研究法　王濟遠

西洋畫這名稱，實在是不大妥當的，不過因爲是起源發達於西洋，對於中國畫就起了西洋畫的稱呼。其實到現在，西洋畫已經成爲世界的繪畫了。我國之有西洋畫，也已有二十多年的歷史了。最初不過是少數畫家作西洋畫的臨摹，這可以說是萌芽時期。到了五四運動以後，和別種新的學術一樣，西洋畫的思想和技法，漸漸被介紹到中國來，於是西洋畫在我國就漸漸占着鞏固的地位了。到現在，專門研究西洋畫的人已逐漸增多，就是普通中小學的藝術科，也都採用了西洋的畫法，這可以證明西洋畫在我國已經被一般人士所重視了。

但是爲什麼要研究西洋畫呢？我們不是有了很好的中國畫嗎？何必再去竊取西洋的皮毛呢？中國畫固然有中國畫的特長，就像六法中所說的氣韻生動，便是國畫中的生命。不爲物體的外象所束縛，而着重於直接的心理的表現。但藝術除了表現作家的意境之外，還須表現時代精神和現實的生活，中國畫好像始終是停留在古代的超現實的生活上，這固然是一般國畫家的取材的狹隘，而受了畫法和材料的限制，也是極大的原因。西洋畫始終是站在寫實的立腳點上的，就是從起源時代的埃及和希臘的繪畫，其寫實的精神，已經從如實地客觀的思想出發了，其後表現的方法日臻於完善，而發現空間的觀念。我們祇要看到西洋畫，雖是平面的畫布，恰恰和照相的乾

本期要目

西洋畫研究法　王濟遠
米勒的藝術和生涯　傅雷譯
莫干山
書評：[illegible]美學（轉載）　金增嘏
景印各省通志提要

时事月报

1929 年 11 月创刊
创刊地点：南京
编　　辑：时事月报社
高　　度：26.9cm

《时事月报》1929年11月在南京创刊，为月刊。1937年迁汉口，改为半月刊，1938年迁回上海，并改名为《抗战半月刊》，卷期续前，1939年迁回重庆，1944年10月停刊。该刊属于大型时政类期刊，内容主体由专文栏目和转载的当月国内外时事新闻两大部分构成。其核心内容是专文栏目，对本国国情进行系统的研究和调查，反映了当时中国国内经济和社会生活的问题，保留了珍贵的材料，具有史料价值，学术性较强。馆藏39期。

大陆

1932年7月创刊
创刊地点：上海
编　　辑：大陆杂志社
高　　度：26cm

《大陆》1932年7月在上海创刊，属于综合类月刊，主张传播文化，促进文化发展，设有插图、时事评论、世界论坛、世界文坛、补白等栏目。刊载文章大多联系当时的国内形势，反映了当时社会的出版业和文化界的特殊现象，为我们了解和研究上海地区的新文艺活动和抗战期间的上海出版业提供了史料参考。馆藏8期。

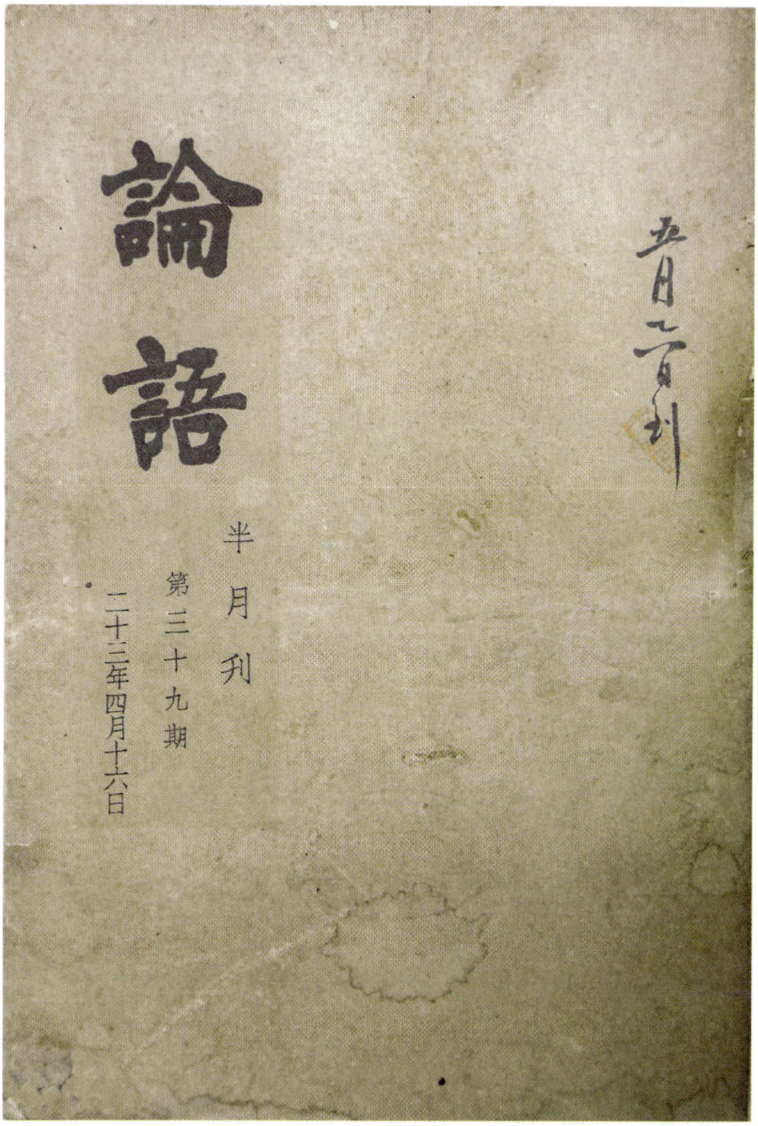

论语

1932年9月创刊
创刊地点：上海
编　　辑：林语堂
高　　度：26cm

《论语》创刊于1932年9月的上海，属综合性评论半月刊，是海派文学和趣味文学的代表。该刊刊登时事评论，发表杂文，探讨文学理论，介绍西方和我国古代幽默作品，刊载各地报纸的幽默消息和读者讥讽现实的来信。刊物初由林语堂主编，从第27期起改为陶亢德主编，自第83期开始由郁达夫主编，后改由邵洵美主编。1937年8月因抗战爆发而休刊，1946年12月复刊，到1949年5月上海解放停刊，前后共出177期。馆藏34期。

■ 改造

1919 年 9 月创刊
创刊地点：上海
编　　辑：上海新学会
高　　度：25.3cm

《改造》1919年9月创刊于上海，属于五四时期的社科综合类刊物。其前身为《解放与改造》，从1920年9月的第三卷起，更名为《改造》，同时由半月刊改为月刊，三十二开本变更为十六开本。该刊继承了《解放与改造》的创刊宗旨，旨在与国人切磋学识，促进社会之进步，谋求社会的不断革新，把“人类全体作为一个目标去求全人类均衡的幸福”。该刊发表的大量关于支持“五四”新文化运动的革命文章，不仅给当时处于混沌状态的民众以猛烈一击，更为我们现在研究20世纪的文化浪潮提供了十分珍贵的史料。同时刊中载有的张东荪、张君劢等人的著作，也是研究五四时期重要人物思想的重要文献。馆藏12期。

LA REKONSTRUO　改造

第四卷　第九號

要目

中學以上作文教學法……梁啓超
中國軍備與世界和平……劉文島
物價騰貴與中流階級問題……李三无
法國的社會黨(續)……秩蓀譯
今之所謂社會……金燦
社會學之成功與失敗……張原絜

读书杂志

1931 年 4 月创刊
创刊地点：上海
编　　辑：神州国光社
高　　度：20.3cm

《读书杂志》创刊于1931年4月1日，由王礼锡、陆晶清夫妇编辑，上海神州国光社出版。该刊以指示研究方法，介绍各种精粹的学说和流派为宗旨，旨在提供读书途径、心得、经验、方法、指导读书求学、研究入门等，属于读书指导类刊物，1933年11月停刊。《读书杂志》是中国社会史论战的中心或主战场，内容涵盖各个阵营。同时还重视以唯物史观为方法研究中国的政治、哲学及文艺，特别是文学史，开启了中国文学史的学术模式。馆藏15期。

■ 国闻周报

1924 年 8 月创刊
创刊地点：上海
编　　辑：国闻周报社
高　　度：25cm

《国闻周报》1924年8月在上海创刊，属于时事政治周刊。自1927年第4卷起迁往天津，1936年第13卷起又迁回上海，1937年12月27日停刊。该刊发表时事短评，研究各种实际问题，报道国内外一周间大事记，并刊有少量文艺作品，如诗词、小说、剧本、照片等。该刊全面介绍国际国内新闻时讯，是现今近现代史研究工作者经常翻阅的资料。馆藏133期。

■ 青年月刊

1935年10月创刊
创刊地点：南京
编　　辑：青年月刊社
高　　度：25cm

《青年月刊》由陈立夫1935年10月创刊于南京，为青年综合性刊物。其宗旨是“介绍时代知识，探讨青年问题，努力文化建设”，主要讨论青年修养，弘扬民族意识以激发青年革命热情。抗战爆发后，专注于青年动员、战时青年工作学习概况、救国理论、救国途径等。受抗战影响，1937年第5卷第3期迁至武汉出版，又于1938年第14卷第1期开始迁至重庆，1943年停刊。馆藏5期。

申报月刊

1932 年 7 月创刊
创刊地点：上海
编　　辑：申报月刊社
高　　度：25.5cm

《申报月刊》1932年7月创刊于上海，为月刊，是综合性学术刊物。1936年1月改为《申报每周增刊》，又名《申报周刊》，1938—1942年停刊。1943年1月复刊后改回《申报月刊》，卷期另起，停刊于1945年6月第3卷第6期。主要栏目有外论摘要、时事漫画、文艺、海外通信、时论小言等。该刊为纪念申报六十周年而创办，旨在介绍学术文艺，以裨文化的增进，使其成为学术文艺界一个公共园地，为各家作品和一般读者自由的联络机关。馆藏93期。

■ 华年

1932 年 4 月创刊
创刊地点：上海
编　　辑：潘光旦
高　　度：25.8cm

《华年》1932年4月在上海创刊，停刊于1937年8月的第6卷第29期，为周刊，属于评论刊物。其内容涉及国内外，有助于当时的读者开阔眼界，了解世界局势。刊名“华年”既指花样年华的青年，也暗喻当时有待成长的中华民族。前者代表了“目下的耕耘”，后者昭示了“未来的收获”，突出了该刊“助少壮求位育，促民族达成年”的宗旨。馆藏18期。

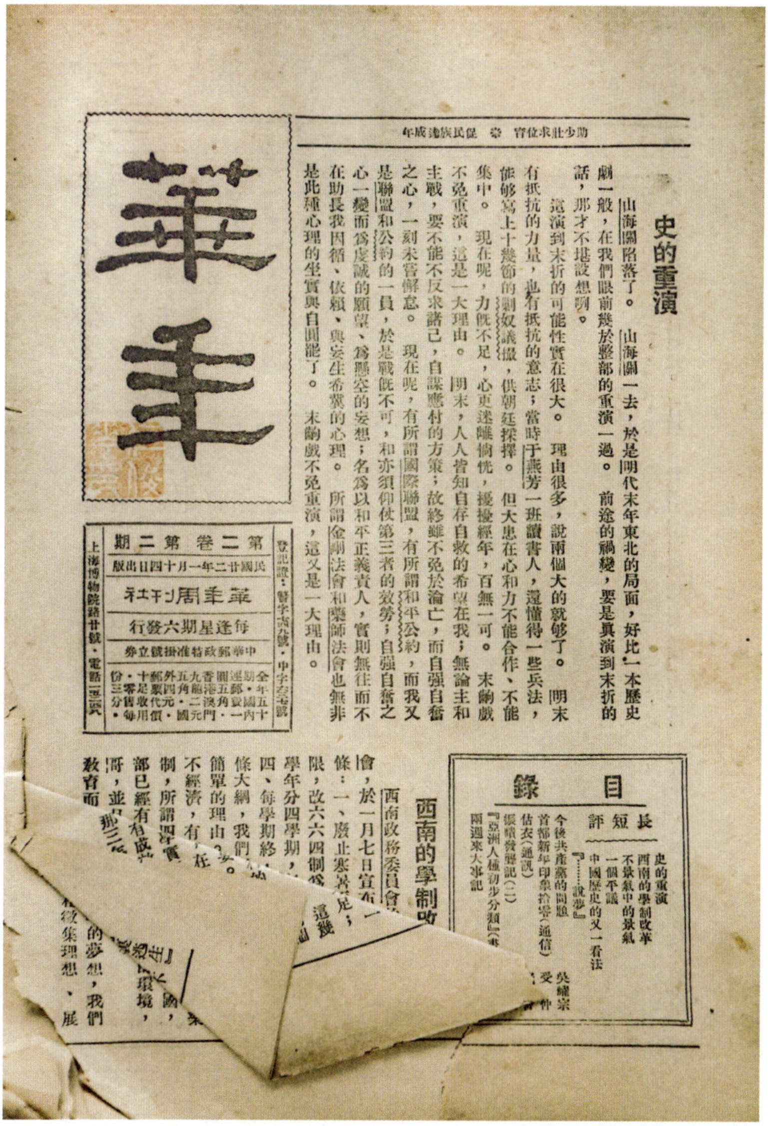

助少壯求位育 ❀ 促民族達成年

華年

第二卷第二期
民國廿二年一月十四日出版
華年周刊社
每逢星期六發行

史的重演

山海關陷落了。山海關一去，於是明代末年東北的局面，好比一本歷史劇一般，在我們眼前幾於整部的重演一過。前途的禍變，要是真演到末折的話，那才不堪設想啊。

這演到末折的可能性實在很大。理由很多，說兩個大的就夠了。明末有抵抗的力量，也有抵抗的意志；當時于燕芳一班讀書人，還懂得一些兵法，能夠寫上十幾節的剿奴議撮，供朝廷採擇。但大患在心和力不能合作、不能集中。現在呢，力既不足，心更迷離惝恍，擾擾經年，百無一可。末齣戲不免重演，這是一大理由。明末，人人皆知自存自救的希望在我；無論主和主戰，要不能不反求諸己，自謀應付的方策；故終雖不免於淪亡，而自强自奮之心，一刻未嘗懈怠。現在呢，有所謂國際聯盟，有所謂和平公約，而我又是聯盟和公約的一員，於是戰既不可，和亦須仰仗第三者的致勢；自强自奮之心一變而為虛誕的願望、為懸空的妄想；名為以和平正義責人，實則無往而不在助長我因循、依賴、與妄生希冀的心理。所謂國聯法會和藥師法會也無非是此種心理的坐實與自圓罷了。末齣戲不免重演，這又是一大理由。

目錄

西南的學制改革

■ 大时代

1937年12月创刊
创刊地点：汉口
编　　辑：孟十还
高　　度：26.5cm

《大时代》1937年12月创办于汉口，孟十还任主编，属于抗战时事周刊。该刊主要刊登有关抗战时期的政治、经济评论、时事报道、国际形势分划和社会问题等方面的文论，同时还刊载了一些文艺作品。该刊不仅比较全面地反映了这场战争的诸多维度，而且还呈现了战时中国社会的一些问题和状况。1938年出版第18期后终刊。馆藏3期。

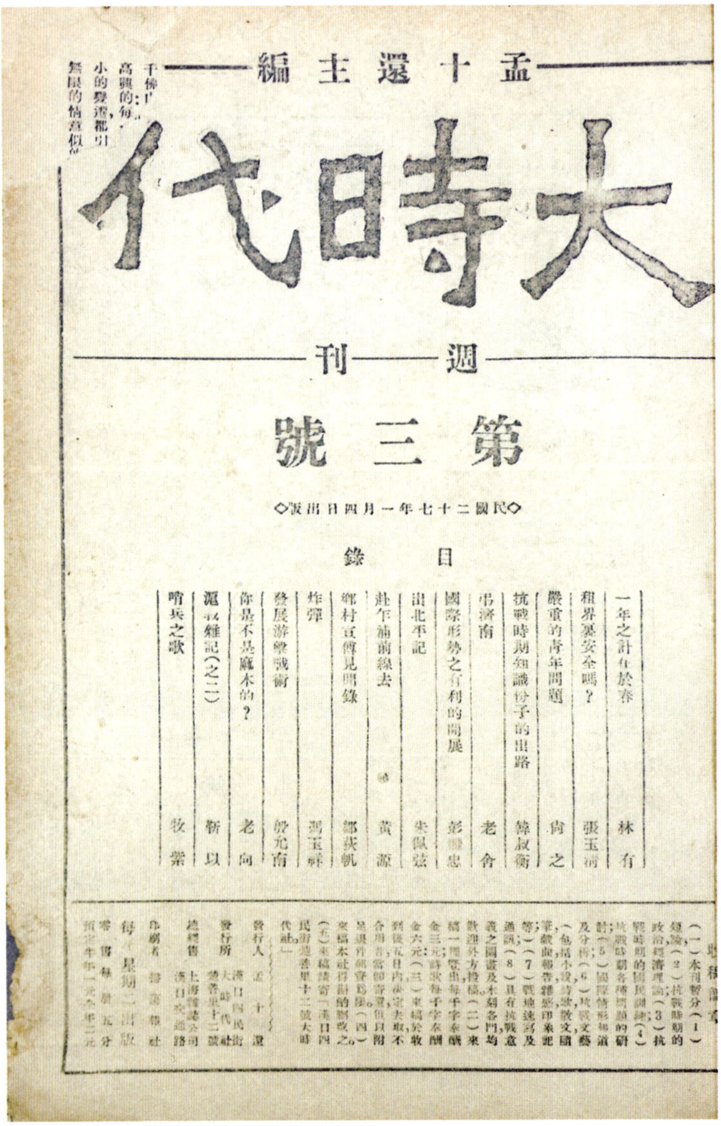
孟十還主編

大時代

週刊

第三號

民國二十七年一月四日出版

目錄

一年之計在於春	林有
租界裏安全嗎？	張玉清
嚴重的青年問題	向之
抗戰時期知識份子的出路	韓叔衡
弔濟南	老舍
國際形勢之有利的開展	彭[illegible]忠
出北平記	朱佩弦
赴午補前線去	黃源
鄉村宣傳見聞錄	鄒荻帆
炸彈	馮玉祥
發展游擊戰術	殷允甫
你是不是麻木的？	老向
滬戰雜記（之二）	靳以
哨兵之歌	牧棠

發行人 孟十還
發行所 漢口四民街 大時代社
總經售 上海雜誌公司 漢口交通路
每星期二出版
零售每冊五分
預定半年一元全年二元

■ 世界杂志

1931 年 1 月 1 日创刊
创刊地点：上海
编　　辑：杨明哲
高　　度：25.5cm

《世界杂志》1931年1月1日创刊于上海，蔡元培等题写书名。该刊是我国探索、了解西方社会比较早的综合性月刊。该刊主要登载有关世界政治、经济、文学、艺术、科普诸问题的研究和评价，此外在普及知识、开拓国人眼界、认识世界等方面具有重要的引导作用。该刊着眼于世界范围，对各国的政治、经济、社会、文学等方面皆有独到的研究和见解，对今人研究民国时期世界政治局势等方面的课题有一定的史料参考价值。难能可贵的是该刊第2卷第5期“纪念死于日寇的同胞”号，登出马伯相所写《为日祸敬告国人》一文，号召全民共赴国难，抵抗暴日，并刊印了日寇侵略的照片，真实记载日寇侵华之暴行。馆藏1期。

■ 工作与学习·漫画与木刻

1939 年 5 月创刊
创刊地点：桂林
编　　辑：工作与学习社、漫画与木刻社
高　　度：26cm

《工作与学习·漫画与木刻》1939年5月在桂林创刊，是抗日宣传半月刊。该刊以介绍抗战形势、分析时局变化、鼓舞抗敌士气为宗旨。该刊分为文字版和图画版，封面题名“工作与学习”，封底题名“漫画与木刻”。文字版里有国际国内的时事政治与军事形势分析，图画版里的图画是木刻而成，主要是漫画。千家驹、胡愈之等人曾联名在该刊发表文章，附有大量木刻，赖少奇有多幅木刻作品在该刊登载，并介绍木刻技法及创办刊物的体会，本刊内有田汉作词的抗日救亡歌曲《七七两周年纪念献礼歌》。馆藏1期。

■ 生活知识

1935 年创刊
创刊地点：上海
编　　辑：生活知识社
高　　度：22cm

《生活知识》1935年创刊于上海，属于综合性半月刊。1936年10月，该刊被国民党当局查禁，11月改名为《新知识》继续出版，两期后又被查禁，于1937年2月5日又改名《新学识》继续出版。1936年11月23日，因为沙千里被南京国民政府以“危害民国”罪名逮捕，于抗战爆发后才被释放出狱，因此《新学识》的署名编辑人就为徐步一人，“八一三”上海抗日战争爆发后，徐步到了武汉，也把《新学识》杂志移到武汉继续出版。该刊主要围绕抗战中的各种问题进行分析研究，并以此向读者介绍新的学识。该刊对于常识刊物及上海民众思想及日常生活的研究具有一定的价值。馆藏5期。

■ 新潮

1919年1月1日创刊
创刊地点：上海
编　　辑：北京大学新潮社
高　　度：23.8cm

《新潮》1919年1月1日在上海创刊，是“五四”时期重要的新文化月刊。1922年3月1日出至第3卷第2期终刊，共出版12期。第1卷与第2卷第1期由傅斯年主编，罗家伦助理编辑，第2卷第2期至第4期由罗家伦编辑，第2卷第5期至终刊号名义上是由周作人主编，实际上是毛子水、顾颉刚、陈达材、孙伏园等人编辑。该刊得到了陈独秀、李大钊与蔡元培的支持，与《新青年》的倾向大体一致，内容多以反封建为主，对推动新文化运动起了巨大作用。馆藏5期。

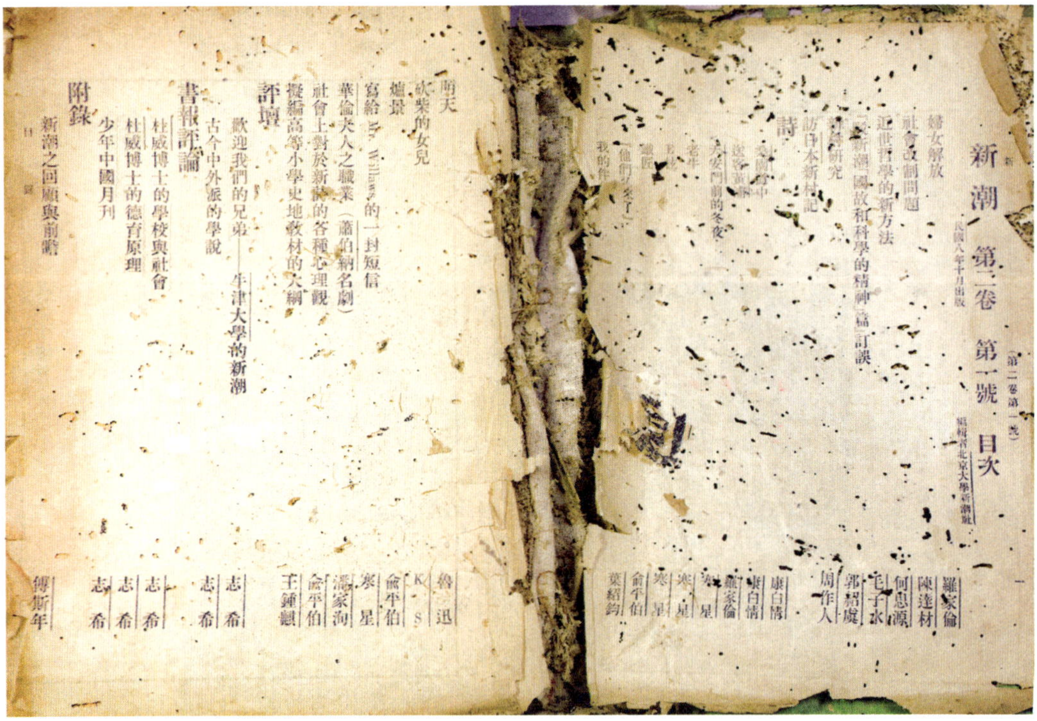

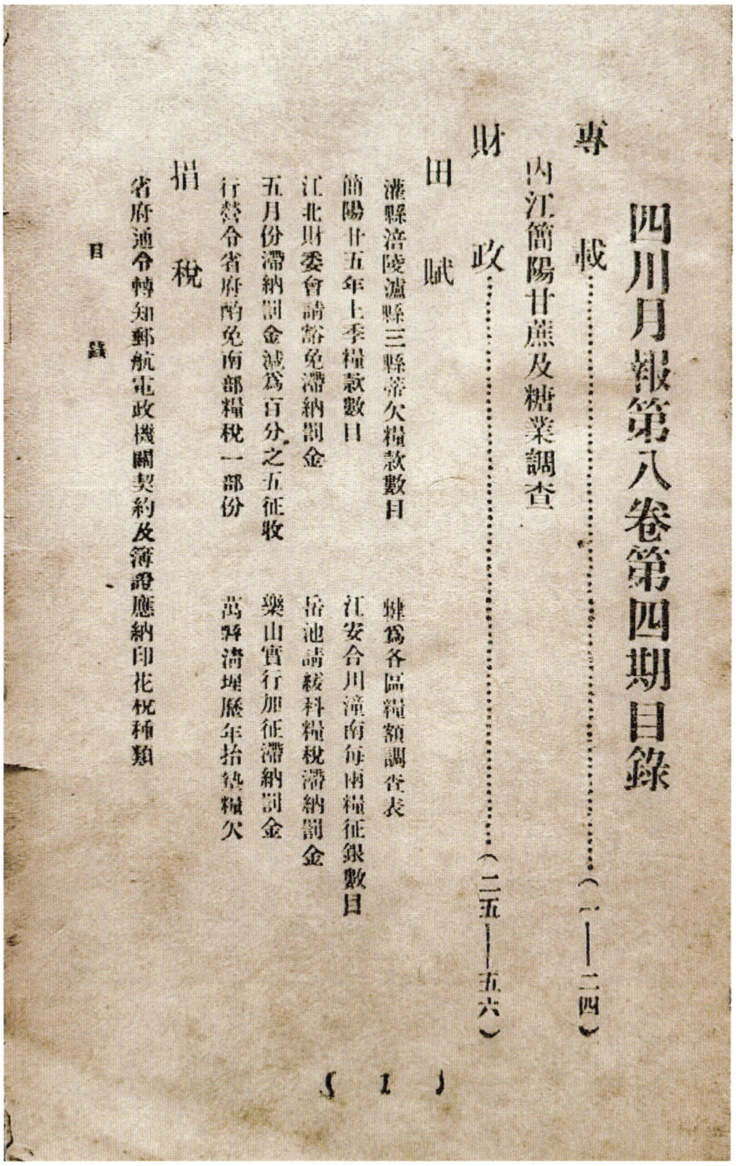
四川月報第八卷第四期目錄

目錄　（1）

四川月报

1932 年 7 月创刊
创刊地点：重庆
编　　辑：重庆中国银行
高　　度：18.5cm

《四川月报》1932年7月创刊于重庆，属于综合性质月刊，该刊将重庆各地区以及周边省市出版的报纸进行分门别类的整理和编辑，汇集了众家之所长。该刊的出现，改变了四川20世纪30年代期刊分散的局面，有利于外地人对川内情况有一个更清晰、全面的认知，同时也有利于我们对20世纪30年代西南地区社会经济、教育、政治情况有一个更全面的了解，该刊为止提供了比较翔实的史料。馆藏18期。

附 录

清议报全编

1902 年辑印
辑印地点：日本横滨
辑印：横滨新民社
高　　度：26cm

《清议报全编》是由立宪派所创办的《清议报》汇编而成，由横滨新民社编，共26卷，是第一份宣传立宪的刊物。《清议报》1898年12月创办于日本横滨，以“主持清议、开发民智”为宗旨，宣传维新，倡导民权，着重以哲理启迪国民，一面抨击以慈禧太后为首的封建顽固派，一面颂扬光绪皇帝，大量介绍西方资产阶级政治学说，影响尤为广远。1901年12月，报馆失火，《清议报》停刊。后于1902年《清议报全编》开始汇编出版，内容多有增删，编次也有变动。馆藏5期。

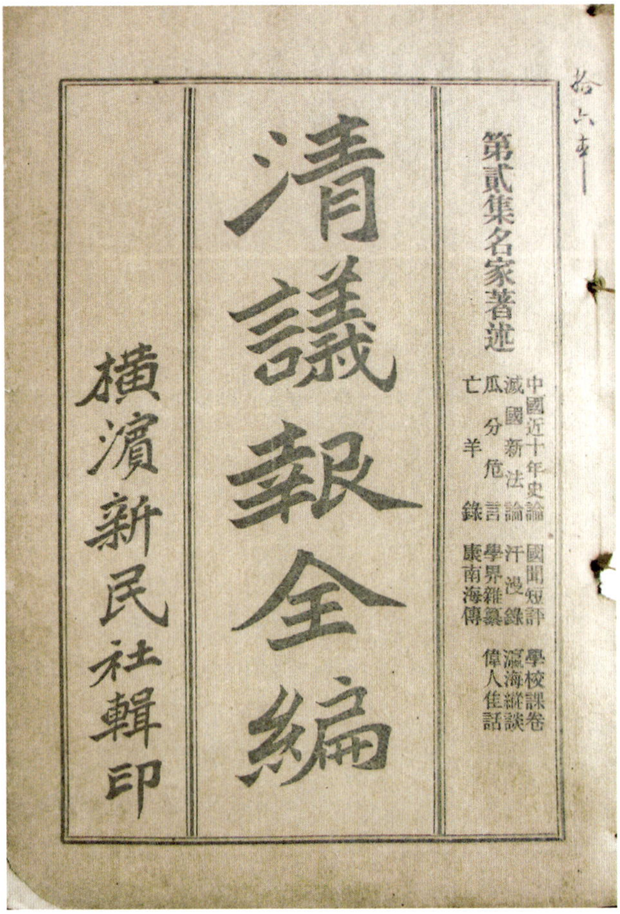

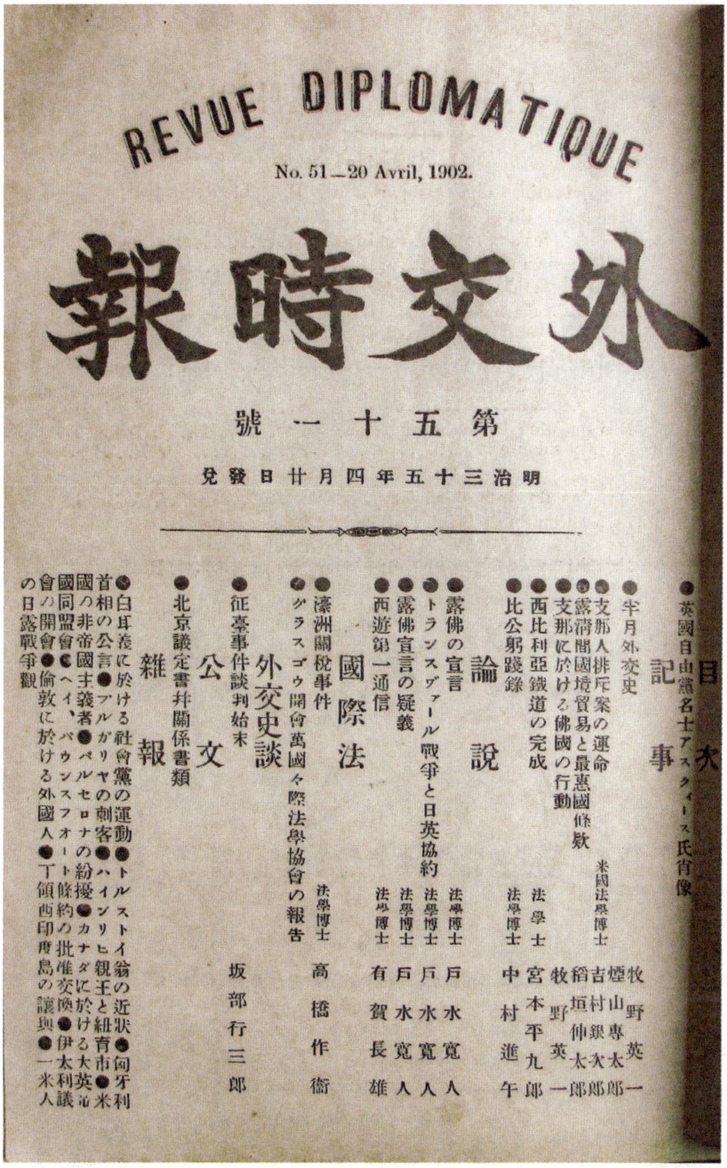

REVUE DIPLOMATIQUE

No. 51—20 Avril, 1902.

外交時報

第五十一號

明治三十五年四月廿日發兌

目次

●英國自由黨名士アスクィース氏肖像

記事

●半月外交史
●支那人排斥案の運命
●露清間國境貿易と最惠國條款
●支那に於ける佛國の行動
●西比利亞鐵道の完成
●比公躬踐錄

牧野英一
煙山專太郎
米國法學博士 吉村銀次郎
稻垣伸太郎
牧野英一
法學士 宮本平九郎
法學博士 中村進午

論說

●露佛の宣言 法學博士 戸水寬人
●トランスヴァール戰爭と日英協約 法學博士 戸水寬人
●露佛宣言の疑義 法學博士 戸水寬人
●西遊第一通信 法學博士 有賀長雄

國際法

●濠洲關稅事件 法學博士 高橋作衞
●グラスゴウ開會萬國々際法學協會の報告

外交史談

●征臺事件談判始末 坂部行三郎

公文

●北京議定書幷關係書類

雜報

●白耳義に於ける社會黨の運動●トルストイ翁の近狀●匈牙利首相の公言●ブルガリヤの刺客●ハインリヒ親王と紐育市●米國の非帝國主義者●バルセロナの紛擾●カナダに於ける大英帝國同盟會●ヘイ、パウンスフォート條約の批准交換●伊太利議會の開會●倫敦に於ける外國人●丁領西印度島の讓與●一米人の日露戰爭觀

外交时报

1898 年 2 月创刊
创刊地点：日本东京
编　　辑：外交时报社
高　　度：23cm

《外交时报》1898年2月由日本国际关系学者有贺长雄创办，主要介绍日本国内外重大要闻和时事研究，载有大量中国相关内容。宗旨是为了增强日本国民对世界的了解，提高国民的外交经验和能力。有贺长雄被誉为日本“外交史学之始祖”。该刊发行后广受关注，日本的“国民外交”概念由此正式提出。馆藏78期。

外交报

1901年11月创刊
创刊地点：上海
编　　辑：张元济
高　　度：23cm

《外交报》1901年11月创刊于上海，为旬刊，由张元济主办，蔡元培、严复等常为其撰译稿件，是中国近代第1份以评述国际问题为主要内容的报刊，停刊于1910年12月。该刊政治上对内主张君主立宪，满汉调和；对外提倡维护主权，“文明排外”。编辑上的一个很大特点是经常从几十种外国报刊中翻译时事论文刊载，深受朝野人士的重视。从此报可了解清朝末年办报的形式和发行渠道，共出300期，后另出单行本《外交汇编》计30余册。馆藏21期。

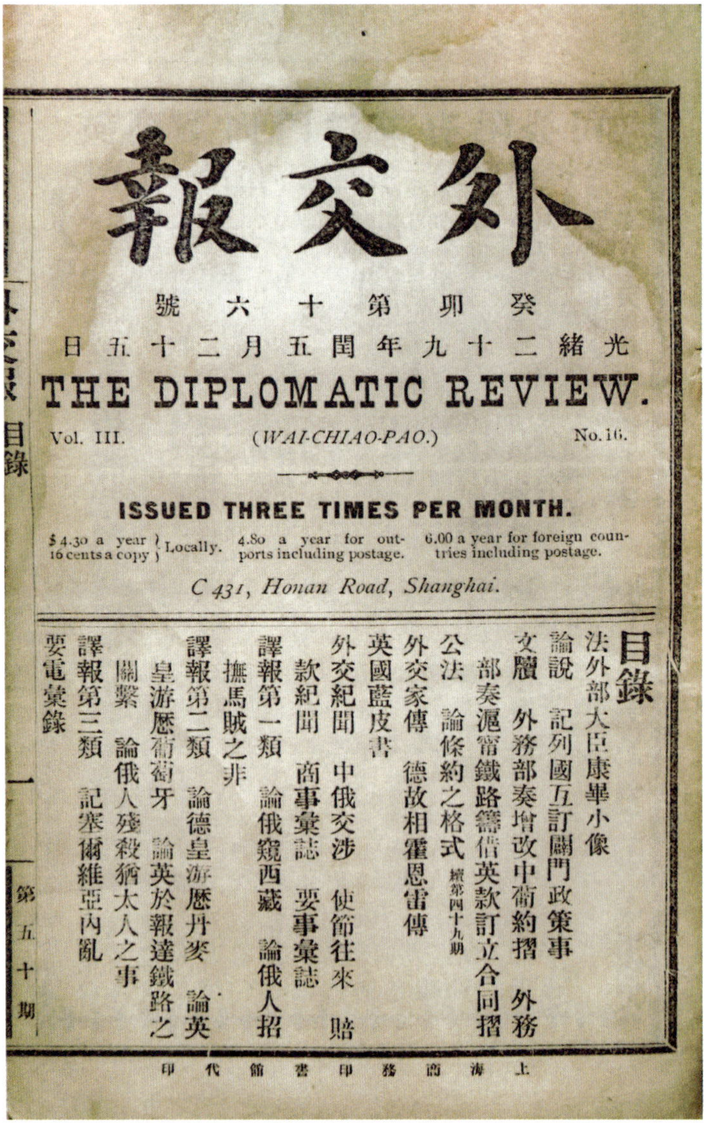

外交報

癸卯第十六號

光緒二十九年閏五月二十五日

THE DIPLOMATIC REVIEW.

Vol. III. (*WAI-CHIAO-PAO.*) No. 16.

ISSUED THREE TIMES PER MONTH.

$4.30 a year, 16 cents a copy } Locally. 4.80 a year for outports including postage. 6.00 a year for foreign countries including postage.

C 431, Honan Road, Shanghai.

目錄

法外部大臣康華小像
論說 記列國互訂關門政策事
文牘 外務部奏增改中葡約摺 外務部奏滬甯鐵路籌借英款訂立合同摺
公法 論條約之格式 續第四十九期
外交家傳 德故相霍恩雷傳
英國藍皮書
外交紀聞 中俄交涉 使節往來 賠款紀聞 商事彙誌 要事彙誌
譯報第一類 論俄窺西藏 論俄人招撫馬賊之非
譯報第二類 論德皇游歷丹麥 論英皇游歷葡萄牙 論英於報達鐵路之關繫 論俄人殘殺猶太人之事
譯報第三類 記塞爾維亞內亂
要電彙錄

上海商務印書館代印

外交報 目錄 第五十期

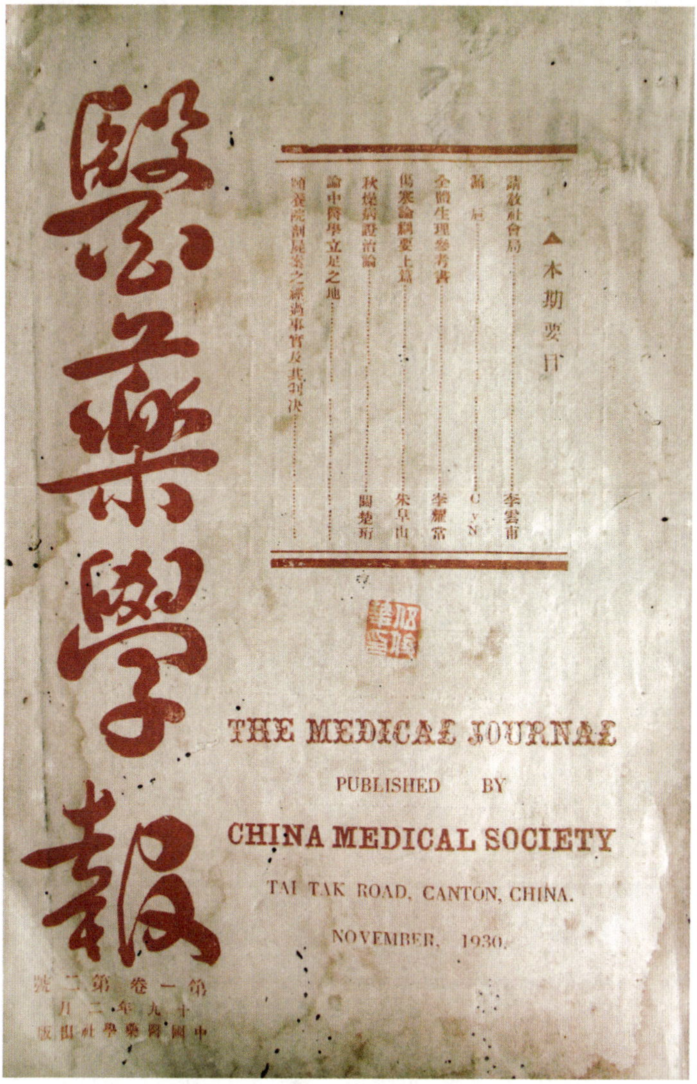

■ 医药学报

1907年2月创刊
创刊地点：日本千叶
编　　辑：中国医药学会
高　　度：26cm

《医药学报》1907年2月在日本千叶县千叶市创刊，1910年2月停刊，共刊24期。先为双月刊，后改为月刊，由千叶医学专门学校的中国留学生所成立的民间组织“中国医药学会”发行，属于医药刊物。这是近代中国人创办的第一本以“医药”二字命名的医学专刊，该刊以“输入新理，研究实学，谋求我国医界改革、药学进步”为宗旨，载文包括医药学理论，医学界时事评论，中外医药学说，刊物鼓吹新学，改良旧习，介绍西医学、医药理论、医疗技术、医药政策、医学史、医药新闻及卫生常识。馆藏6期。

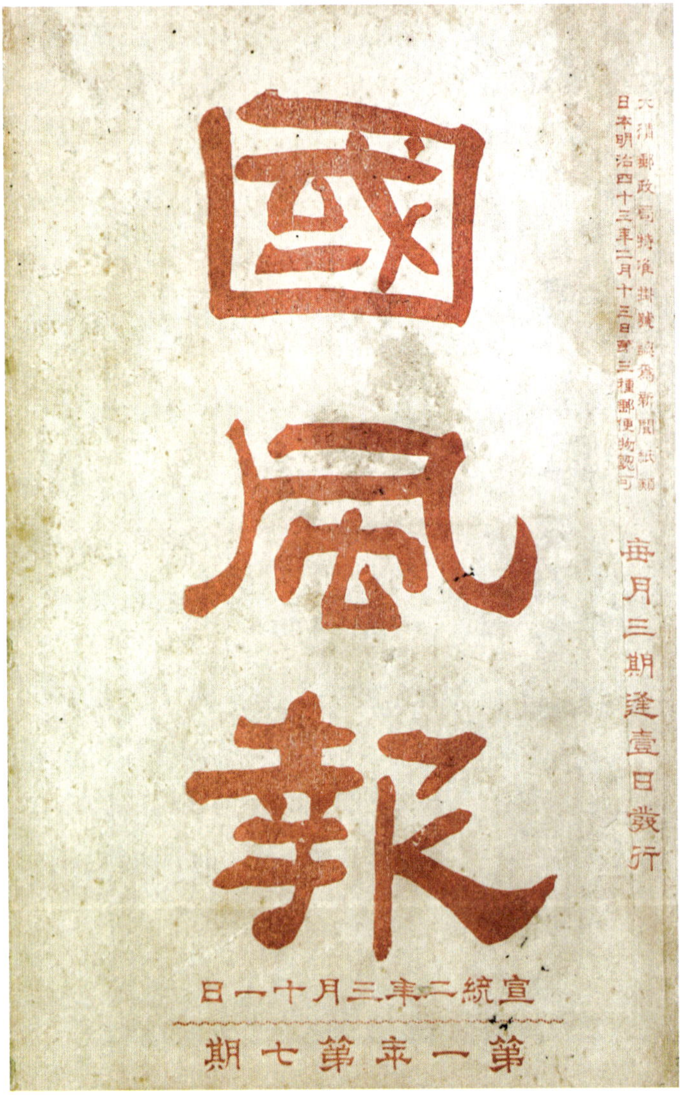

国风报

1910 年 2 月 20 日创刊
创刊地点：上海
编　　辑：何国桢
高　　度：23cm

《国风报》1910年2月20日在上海创刊，为旬刊。梁启超是刊物实际主持，他的撰稿量占《国风报》总稿量的一半。《国风报》一是基于讽刺，推动清政府的变革，二是追求风人之旨，改变了《新民丛报》早期赤裸裸的革命鼓吹与宣传方式，而以“称物惟芳”“择言近雅”自我期许。第一期只刊载了梁启超的一首《秋风断腾曲》长诗，出刊52期，于1911年7月停刊。馆藏28期。

新民丛报

1902 年 2 月 8 日创刊
创刊地点：日本横滨
编　　辑：梁启超
高　　度：21.7cm

《新民丛报》1902年2月8日由梁启超创办于日本横滨，是一份大型综合性半月刊，1907年11月20日终刊，共出96号。该刊早期抨击清王朝的腐朽统治，揭露帝国主义侵华罪行，介绍西方资产阶级新思想、新学说，客观上曾产生过振聋发聩的作用。该刊对广大知识界特别是青年知识分子影响很大，启发他们中的一些人走上了革命的道路。这是梁启超宣扬在中国实行君主立宪、反对民主革命的重要阵地。中期自1903年2月至1905年末，则加紧立宪保皇宣传，逐渐暴露其敌视革命的顽固立场，影响大为削弱。后期自1906至1907年冬，主要与革命派的刊物《民报》进行激烈论战，表现了对革命形势迅速发展的极度恐惧，其言论对革命起了阻碍作用。馆藏66期。

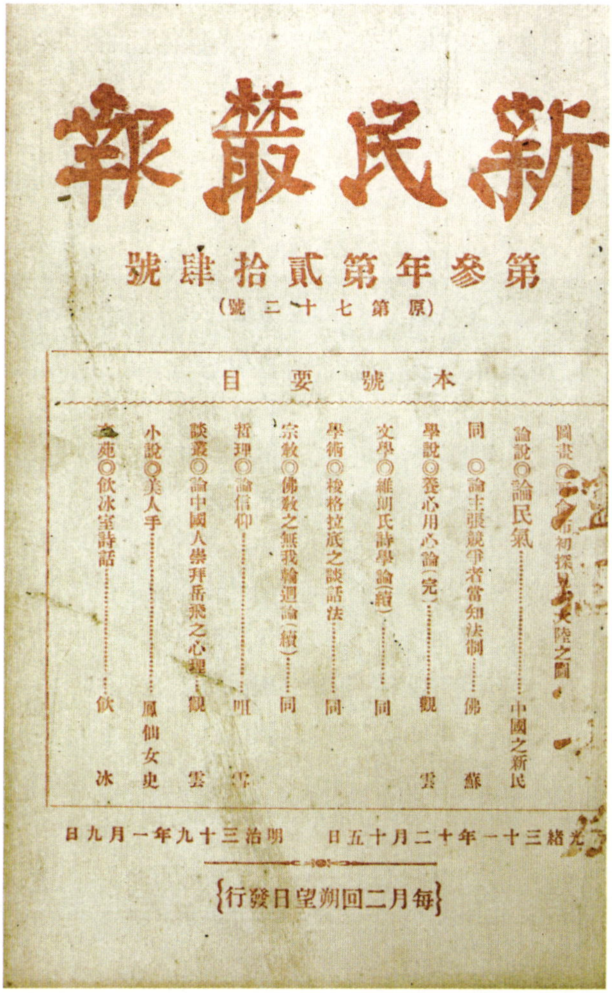
新民叢報

第參年第貳拾肆號

(原第七十二號)

本號要目

圖畫◎[illegible]初探[illegible]大陸之圖

論說◎論民氣……中國之新民

同　◎論主張競爭者當知法制……佛蘇

學說◎養心用心論(完)……觀雲

文學◎維朗氏詩學論(續)……同

學術◎梭格拉底之談話法……同

宗教◎佛教之無我輪迴論(續)……同

哲理◎論信仰……咀雪

談叢◎論中國人崇拜岳飛之心理……觀雲

小說◎美人手……鳳仙女史

文苑◎飲冰室詩話……飲冰

光緒三十一年十二月十五日　明治三十九年一月九日

{每月二回朔望日發行}

索引

Y

Z